AF273921

Dios
habla bajito

Claves para escuchar a Dios

Ediciones Palabra
Madrid

© José B. Cabaniña Magide, 2018
© Ediciones Palabra, S.A., 2025
Ronda del Caballero de la Mancha, 59 – 28034 Madrid
Telf.: (34) 91 350 77 20 – (34) 91 350 77 39
www.palabra.es
palabra@palabra.es

Diseño de cubierta: Equipo editorial
ISBN: 978-84-1368-474-1
Depósito Legal: M-12.510-2025
Printed in Spain – Impreso en España

José B. Cabaniña Magide

Dios habla bajito

Claves para escuchar a Dios

Albor

«No se comienza a ser cristiano
por una decisión ética
o una gran idea, sino por el encuentro
con un acontecimiento, con una Persona,
que da un nuevo horizonte a la vida y,
con ello, una orientación decisiva».
(Benedicto XVI, *Deus caritas est,* 1)

PRESENTACIÓN

Hace unos años, escuché este comentario de un amigo sacerdote: «La mayor parte de los católicos están "sacramentalizados", pero no evangelizados: nadie les ha explicado que el cristiano es discípulo, es decir, seguidor de Jesucristo vivo y que, gracias a la fe, podemos tener una relación personal con Él».

Muchos consideran que la relación personal con Jesucristo está reservada a gente con especial sensibilidad hacia las cosas de Dios. Pero la verdad es que, sin el encuentro personal con Jesús, no hay vida cristiana, sino solo catolicismo cultural.

No existen dos maneras de ser cristiano: la ordinaria –Misa dominical y poco más– y la extraordinaria –los que siguen de cerca a Jesús, y tienen una relación viva con Él–. La relación personal con Jesucristo vivo, en la Eucaristía y en la meditación de la Palabra de Dios, debería verse como algo normal para un cristiano.

Estas consideraciones y el comprobar que son pocos los que saben cómo concretar en la existencia diaria su deseo de enlazar personalmente con Jesús resucitado, me han movido a escribir este libro cuyo objetivo es ayudar a alcanzar una verdadera amistad con Jesús.

He observado que muchos padres que van a Misa los domingos y rezan con sus hijos algunas oraciones por la noche, pero no tienen un trato personal con Jesús, con el paso de los años decaen en su fe: la presión del ambiente paganizado que los rodea, los arrastra, sin que se den cuenta.

Por el contrario, aquellos padres que han aprendido a cultivar, dentro de sus posibilidades, una relación personal con Jesús, no solo saben defenderse de la presión contraria de su entorno, sino que influyen positivamente en las personas que los rodean.

Deseo manifestar mi agradecimiento a las personas que me han enseñado a encontrar y tratar personalmente a Jesús. Primeramente, a mis padres; después, a san Josemaría Escrivá, con el que tuve la fortuna de convivir durante cuatro años en Roma. Finalmente, a todas aquellas personas del Opus Dei que me han asesorado y animado durante más de cincuenta años, para que buscara cada día el trato personal con Jesús en el Pan y en la Palabra, en la Misa y en la oración interior.

Madrid, 15 de enero de 2018

LISTA DE ABREVIATURAS

Génesis	Gn
Habacuc	Ha
Éxodo	Ex
Sofonías	So
Levítico	Lv
Ageo	Ag
Números	Nm
Zacarías	Za
Deuteronomio	Dt
Malaquías	Ml
Josué	Jos
Mateo	Mt
Jueces	Jc
Marcos	Mc
Rut	Rt
Lucas	Lc

Samuel	1 S, 2 S
Juan	Jn
Reyes	1 R, 2 R
Hechos de los Apóstoles	Hch
Crónicas	1 Cro, 2 Cro
Romanos	Rm
Esdras	Esd
Corintios	1 Co, 2 Co
Nehemías	Ne
Gálatas	Ga
Tobías	Tb
Efesios	Ef
Judit	Jdt
Filipenses	Flp
Ester	Est
Colosenses	Col
Macabeos	1 M, 2 M
Tesalonicenses	1 Ts, 2 Ts
Timoteo	1 Tm, 2 Tm
Job	Jb
Tito	Tt

Salmos	Sal
Filemón	Flm
Proverbios	Pr
Hebreos	Hb
Eclesiastés (Qohélet)	Qo
Epístola de Santiago	St
Cantar de los Cantares	Ct
Epístolas de Pedro	1 P, 2 P
Sabiduría	Sb
Epístolas de Juan	1 Jn, 2 Jn, 3 Jn
Eclesiástico (Sirácida)	Si
Epístola de Judas	Judas
Apocalipsis	Ap
Isaías	Is
Jeremías	Jr
Lamentaciones	Lm
Baruc	Ba
Ezequiel	Ez
Daniel	Dn
Oseas	Os
Joel	Jl

Amós	Am
Abdías	Ab
Jonás	Jon
Miqueas	Mi
Nahúm	Na

CEC Catecismo de la Iglesia Católica

CIC Código de Derecho Canónico

OGMR Ordenación General del Misal Romano

Capítulo I
UN ENCUENTRO QUE CAMBIA LA VIDA

*Mientras conversaban y discutían,
Jesús en persona se acercó
y se puso a caminar con ellos*[1].

De católicos culturales a cristianos discípulos de Jesús

Un pueblo pequeño al norte de Italia. Sábado a media tarde. El párroco prepara a un grupo de adultos para recibir el sacramento de la Confirmación. Una mujer recién casada escucha con atención al sacerdote, pues de vuelta a casa su marido siempre le pregunta de qué habló el párroco ese día.

—Nos ha dicho que Jesucristo está vivo, que puede hablar y escuchar.

—Tienes que haber entendido mal. Jesucristo murió, está muerto.

---

[1] *Lc* 24, 15.

— 13 —

—Estoy segura de que es como digo.

—No puede ser. Mira ese crucifijo de ahí. ¿Ves? Está muerto. Pero, para salir de dudas, el próximo sábado le preguntas al párroco.

A la semana siguiente, la mujer le cuenta al párroco lo sucedido y este se reafirma en lo que dijo el sábado anterior.

—Dile a tu marido que has entendido perfectamente. Jesús está vivo.

La mujer, al entrar en casa, informa a su marido:

—Me ha dicho que había entendido bien. Jesús está vivo.

El marido, perplejo, calla. Piensa un poco. Después se sienta, mira fijamente a su mujer y comenta:

—¿Sabes lo que te digo? Que, si Jesús está vivo, todo cambia.

Este hombre ha dado en el clavo. Si Jesús está vivo, cualquiera de nosotros puede tener una relación personal con Él. Y tener una relación personal con Dios cambia la vida. Porque Jesús de Nazaret es Dios, el Dios hecho hombre que, loco de amor, tomó nuestra carne, nos entregó su vida en la Cruz para salvarnos y a los tres días resucitó glorioso. *No temas* –le dice al evangelista Juan en la isla de Patmos–; *yo soy el Primero y el Último, el Viviente; estuve muerto, pero ya ves: vivo por los siglos de los siglos, y tengo las llaves de la muerte y del abismo*[2].

Que Jesús está vivo quiere decir que no es un personaje del pasado, sino del presente, contemporáneo nuestro. Benedicto XVI escribió en su encíclica *Dios es amor:* «No se comienza a ser cristiano por una decisión ética o una gran idea, sino por el encuentro con un acontecimiento, con una Persona, que da un nuevo horizonte a la vida y, con ello, una orientación decisiva»[3].

Realmente, como señala Benedicto XVI, comenzamos a seguir a Jesús como discípulos suyos, no cuando decidimos vivir de acuerdo con los mandamientos que Dios dio a Moisés en el Sinaí, y tampoco cuando aceptamos las verdades de la fe como unas ideas o historias que nos gustan, porque las hemos oído en casa desde pequeños. Comenzamos a ser cristianos cuando nos encontramos personalmente con Jesús, el Dios que tomó nuestra carne en las entrañas de una virgen, que nació en Belén y vivió desconocido treinta años en Nazaret; el hombre-Dios que salió a recorrer los caminos de Palestina para anunciar, con milagros y palabras, que venía a traernos la salvación; el mismo que nos en-

---

[2] *Ap* 1, 17-19.
[3] Benedicto XVI, *Deus caritas est*, 1.

— 15 —

tregó su vida en la Cruz y resucitó glorioso al tercer día.

A este Jesús, que murió, pero está vivo para siempre, lo encontramos en cada época gracias a la Iglesia, ámbito donde el Resucitado busca a cada persona para fundar una relación de amistad, como hizo hace veinte siglos a orillas del Jordán.

Al día siguiente, estaba Juan (el Bautista) con dos de sus discípulos y, fijándose en Jesús que pasaba, dice: «Este es el Cordero de Dios». Los dos discípulos oyeron sus palabras y siguieron a Jesús. Jesús se volvió y, al ver que lo seguían, les pregunta: «¿Qué buscáis?». Ellos le contestaron: «Rabí (que significa Maestro), *¿dónde vives?». Él les dijo: «Venid y veréis». Entonces fueron, vieron dónde vivía y se quedaron con él aquel día; era como la hora décima*[4]. Uno era Juan, el narrador; el otro, Andrés.

Este primer encuentro con Jesús dio un nuevo sentido a sus vidas. A Juan se le quedó tan grabado que, cuando escribe su Evangelio, cincuenta años después, aún recuerda la hora: las cuatro de la tarde. Estuvieron toda la tarde con Jesús. Qué pena que no nos cuente qué hizo y dijo Jesús esa tarde. Sea lo que fuere, los entusiasmó. Por eso, al día siguiente llevan a sus hermanos y amigos a

---

[4] *Jn* 1, 35-40.

Jesús. Andrés, a su hermano Simón. Juan, segura-
mente a su hermano Santiago y a otros amigos.
Hemos encontrado al Mesías[5], les dicen.

En el 2004, el entonces cardenal Ratzinger
escribió en un artículo titulado «Por qué el cristianismo no es visto como fuente de alegría»:
«El cristianismo hoy se presenta como una antigua tradición, sobre la que pesan antiguos mandamientos, algo que ya conocemos y que no nos
dice nada nuevo: una institución fuerte, una de
las grandes instituciones que pesan sobre nuestros hombros. Si nos quedamos en esta impresión, no vivimos el núcleo del cristianismo, que
es un encuentro siempre nuevo, un acontecimiento gracias al cual podemos encontrar al
Dios que habla con nosotros, que se acerca a nosotros, que se hace nuestro amigo»[6].

Por desgracia, mucha gente experimenta la fe
como un peso, algo que ata, obliga, quita libertad. Pero el centro del cristianismo no son los
mandamientos, sino una Persona, Jesucristo,
que vive y, antes o después, se hace el encontra-
dizo con cada uno, porque camina a nuestro
lado[7]. Hasta que tiene lugar este encuentro per-

---

[5] *Jn* 1, 41.
[6] Publicado en el semanario *Vita Trentina*. Cfr. Agencia Zenit, servicio
del 7-V-2004.
[7] Cfr. *Lc* 24, 27.

sonal entre Jesucristo y cada bautizado, en el que Dios se hace presente, hasta que se realiza este acontecimiento que toca el corazón, no se es cristiano en el sentido de discípulo o seguidor de Jesucristo, sino solo católico cultural.

Católico cultural es el que, bautizado de pequeño, ha recibido en la parroquia o en el colegio la catequesis básica para hacer la Primera Comunión. Después, su idea práctica de la religión se ha reducido a asistir a Misa los domingos y a rezar, por costumbre o necesidad, alguna oración vocal. Lo habitual es que, poco a poco, la fe se debilite, como un cuerpo poco alimentado, y entonces deja de asistir a Misa los domingos, no por mala voluntad, sino por falta de formación. Nadie le ha hablado de Jesús, como una persona viva, que nos ama hasta entregar su vida por cada uno.

La mayoría de estos católicos culturales no saben que Jesús es el camino para mantener una relación personal con Dios. Por este motivo, la fe apenas afecta a sus vidas, que, sin embargo, reciben la influencia de un ambiente agresivo, contrario a los cristianos.

Estos bautizados no han desarrollado aún la capacidad que les dio el Bautismo de comunicarse personalmente con Jesús. Es como si en una vivienda estuviese hecha la instalación eléctrica, pero aún no hubiese conexión a la red que distribuye la electricidad desde la central. Todo está preparado en esa persona, pero debe ser ella quien, con un acto libre, reconozca a Jesucristo como su Dios y Señor, como su Salvador, y conecte con Él.

La conexión con Jesucristo se activa con un acto de fe que impulsa a buscar una relación personal con Jesús por medio del Pan y la Palabra, la Eucaristía y la meditación de la Sagrada Escritura. En eso consiste el encuentro personal con Jesucristo vivo, que nos cambia la vida como cambió la de los primeros discípulos.

Para pasar de un catolicismo cultural a un vivir en y con Jesús –porque seguir a Jesús es una nueva existencia que ilumina la vida natural de todos los hombres–, hace falta que se produzca en el alma un estallido de luz, como fruto del encuentro personal con Jesús, como el de Juan, Andrés, Simón, Felipe, Natanael.

Ahora, Jesús no pasea en cuerpo mortal por las orillas del Jordán, donde le encontraron Juan y Andrés. Sin embargo, se halla presente en la Iglesia, como prometió a los apóstoles: *Sabed que yo estoy con vosotros todos los días, hasta el final de los tiempos*[8]. Está presente en la Santa Misa –es

---

[8] *Mt* 28, 20.

Él quien se ofrece y nos ofrece al Padre–; en los Sagrarios, donde se reserva su misma Persona bajo la especie de pan; en los sacramentos, acciones suyas, y en los libros de la Sagrada Escritura, especialmente en los Evangelios, «corazón de todas las Escrituras, por ser el testimonio principal de la vida y doctrina de la Palabra hecha carne, nuestro Salvador»[9].

Tanto en el caso del adulto bautizado de niño, como del adulto que, movido por Dios, se prepara para el Bautismo, ese primer encuentro con Jesucristo resucitado se vive como una iluminación. De repente, todas las piezas del *puzzle* encajan. La vida cobra sentido. Vivimos la experiencia de los discípulos. Después del primer encuentro, son ellos los que buscan a Jesús. Necesitan volver a verlo, escuchar palabras que encienden el corazón y lo llenan de paz. Tienen tantas cosas que preguntarle...

Al principio, ellos veían al Maestro solo como un hombre lleno de encanto, cuya mirada transmitía afecto y comprensión. Nosotros no lo vemos, pero la relación personal con Él nos da un conocimiento profundo, pues Jesús de Nazaret no solo es hombre, sino Dios. No lo vemos con los ojos del cuerpo, pero sabemos que

---

[9] Concilio Vaticano II, Const. dogm. *Dei Verbum*, 18.

su mano está sobre la nuestra. Descubrimos las huellas de sus pasos por los senderos de nuestra vida: la familia, el trabajo, la amistad, la alegría, el dolor.

Al leer y meditar el Evangelio, se iluminan los caminos que Él frecuentó, asistimos a muchas de sus conversaciones, somos testigos de milagros, y hasta nos asomamos a su oración filial, en contacto permanente con el Padre.

Cuando un bautizado decide buscar a Jesús con ansia, como los primeros discípulos, escucha en singular una invitación personal como la que recibieron Juan y Andrés y sus hermanos y amigos. Estas palabras –*Ven y verás*– encierran muchas otras, que podrían sonar así: «Ven a compartir mi vida, a escucharme. Yo soy el Camino. Fíjate en mi forma de vivir, de mirar, de amar. Recibe mis palabras como un tesoro para meditar y contemplar. No debes tener envidia de los que me vieron en cuerpo mortal. Los ojos del cuerpo solo ven lo de fuera. Si me buscas cada día, te enseñaré mi alma. Te dejaré, como a Juan, asomarte a mi corazón. Ahí he abierto mi escuela. Pero solo entran los que se empeñan. ¿Te acuerdas de cómo gritaba Bartimeo, aquel ciego que pedía limosna a la salida de Jericó[10], o

---

[10] Cfr. *Mc* 10, 46 y ss.

de aquella mujer libanesa que no paraba de suplicar la curación de su hija cerca de Tiro[11]? ¿Conoces la historia del leproso que se acercó, con riesgo para su vida, porque quería pedirme personalmente que le curase»[12]?

El empeño insistente de esas gentes siempre detiene a Jesús y le obliga a escucharnos. Así pasó entonces y así pasa ahora, porque Jesús es el mismo. Esta perseverancia es necesaria sobre todo cuando comenzamos un camino de relación personal con Jesucristo mediante la meditación de la Palabra de Dios, primer paso para una amistad profunda con Él.

Al principio, quizá porque le conmueve nuestra audacia, Jesús suele recompensar los esfuerzos por dedicar cada día un tiempo a meditar el Evangelio, regalándonos sentimientos agradables. Flotamos entonces en una nube de consuelos sensibles. Pero esto es solo el motor de arranque. Nos lo regala Jesús para que prenda el motor grande de nuestros deseos.

Pronto, sin embargo, la nube desaparece, como en el monte de la Transfiguración[13], y nos encontramos sin apoyos sensibles. Es el momento de

---

[11] Cfr. *Mc* 7, 24-31.
[12] Cfr. *Lc* 5, 12-17.
[13] Cfr. *Lc* 9, 28-37.

ejercitar nuestra voluntad de buscar a Jesús no por lo que nos da, sino por Él mismo, como corresponde a un amor verdadero, que coloca el bien del otro delante de la propia felicidad.

Un Dios de salida

Al pie de la Cruz solo estaban María, la Madre de Jesús y madre nuestra, unas pocas mujeres que seguían y cuidaban de Jesús y de sus amigos en esos años y Juan, el discípulo amado[14]. Los demás apóstoles se han marchado. Judas, desesperado porque se siente responsable de la muerte de Jesús, se ha quitado la vida; los otros –Pedro incluido– se han dispersado por miedo a los judíos. A los restantes discípulos de Jesús, la muerte de Cristo en la Cruz les ha desconcertado y vagan de un lado para otro, con miedo.

El domingo por la mañana, un discípulo llamado Cleofás y otro, cuyo nombre no conocemos, emprenden el camino de regreso a su pueblo, Emaús. Para ellos, todo se ha acabado. Jesús está muerto[15].

Se marchan, pero lo que ha pasado en Jerusalén el viernes pasado no se les va de la cabeza. Unos

[14] Cfr. *Jn* 19, 25.
[15] Cfr. *Lc* 24, 13 y ss.

días antes, habían acompañado a Jesús cuando entró triunfante en Jerusalén, montado en un pollino, aclamado por una multitud que extendía sus mantos por la bajada del Monte de los Olivos y que, llenos de alegría, alababan a Dios a grandes voces gritando: *Bendito el Rey que viene en nombre del Señor*[16]. Ahora, aquello parece un sueño. Jesús está muerto. Todo ha terminado. En el camino hacia Emaús, conversan y discuten sobre Jesús.

Como muchos otros judíos seguidores de Jesús, estos dos discípulos esperaban un Mesías triunfador que, tras proclamarse rey, expulsaría de su patria a los romanos y llevaría a Israel al esplendor de la época de David y Salomón. Pero lo que había sucedido el viernes pasado echó por tierra esas expectativas.

Algunos testigos presenciales les habían contado los sufrimientos de Jesús: los azotes, atado a una columna, que descarnaron su cuerpo; las burlas en el interior del cuartel de la guarnición romana; las caídas cuando cargaba con el instrumento de su condena camino del Calvario; la terrible agonía mientras se desangraba clavado en la Cruz.

Era tanta su pasión al hablar de estas cosas, que no se dieron cuenta de que otro caminante los

---

[16] *Lc* 19, 37-38.

había alcanzado hasta que lo oyeron preguntar: *¿Qué conversación es esa que traéis mientras vais de camino[17]?*

San Lucas describe así este momento: *Mientras conversaban y discutían, Jesús en persona se acercó y se puso a caminar con ellos. Pero sus ojos no eran capaces de reconocerlo[18].* Son pocas palabras, pero, si las consideramos a la luz de la historia de la salvación del hombre, componen un retrato de Dios.

Si alguien quisiera expresar en un cuadro lo más característico de Dios, tendría que pintarlo en actitud de salida. Al poco de crearnos, después de que sus dos primeros hijos se rebelaran contra Él, el Señor realizó su primera salida. Así lo narra el Génesis: *Cuando oyeron la voz del Señor Dios que se paseaba por el jardín a la hora de la brisa, Adán y su mujer se escondieron de la vista del Señor Dios entre los árboles del jardín. El Señor Dios llamó a Adán y le dijo: «¿Dónde estás?». Él contestó: «Oí tu ruido en el jardín, me dio miedo, porque estaba desnudo, y me escondí»[19].*

En esta primera salida, Dios promete que enviará a un descendiente de Eva para salvarnos[20].

Desde entonces, el mundo se llenó de violencia y maldad. En el interior del hombre, los sen-

---

[17] *Lc* 24, 17.
[18] *Lc* 24, 15.
[19] *Gn* 3, 8-11.
[20] Cfr. *Gn* 3, 14.

timientos y las pasiones dejaron de estar sometidos a la razón y nos convertimos en un juguete para el diablo y sus secuaces.

Y Dios salió de nuevo a rescatarnos hace treinta y ocho siglos. El Señor escogió a Abrán, estableció una alianza con él, y constituyó un pueblo, cuya misión sería traer al mundo al Mesías Salvador.

A través de la historia de Israel, Dios se da a conocer como el único y verdadero Dios. Una vez tras otra, toma la iniciativa para salir y establecer relaciones de amistad con los guías de su pueblo: Isaac, Jacob, José, Moisés, Josué, los Jueces, Saúl, David, Salomón, los profetas... Por medio de ellos, Dios renueva la promesa de enviar un Salvador. Su pueblo lo abandona, pero Dios sale siempre en su busca para mantener viva la llama de su promesa.

Es un Dios extraño. Tiene una debilidad: nos ama con locura. Nunca se cansa de buscarnos, como si no pudiese descansar cuando nos alejamos de Él.

En todas estas salidas, Dios se comunica con nosotros por medio de sus enviados, ángeles o profetas, hasta que decide venir en persona, como señala la Carta a los Hebreos: *En muchas ocasiones y de muchas maneras habló Dios antiguamente a los padres por los profetas. En esta etapa final, nos ha ha-*

blado por el Hijo[21]. La Encarnación del Hijo de Dios es el acontecimiento central de la historia humana.

Al tomar nuestra carne, el Hijo de Dios no solo nos habla sin intermediarios, sino que busca a cada uno. Los protagonistas de las tres parábolas de la misericordia[22] –el pastor al que se le extravía una oveja, la mujer que pierde una moneda y el padre de familia, cuyo hijo pequeño se marcha de casa– tienen en común que salen en busca de lo que han perdido. Así dibuja Jesús la cualidad central de Dios: la misericordia.

Dios nos busca en Jesucristo para ofrecernos su amistad. *A vosotros os llamo amigos, porque todo lo que he oído a mi Padre os lo he dado a conocer*[23]. Se ha hecho hombre para facilitarnos esa amistad. Jesús tiene cuerpo humano y alma humana. Tiene ojos, lengua, manos y corazón. También después de la resurrección. *Mirad mis manos y mis pies: soy yo en persona. Palpadme y daos cuenta de que un espíritu no tiene carne y huesos, como veis que yo tengo*[24].

Pero ¿cómo puedo ser amigo de una persona, como Jesús, que no veo? Sus discípulos lo veían,

---

[21] *Hb* 1, 1.
[22] *Lc* 15.
[23] *Jn* 15, 15.
[24] *Lc* 24, 39.

charlaban con él, comían con él, lo acompañaban en sus viajes de norte a sur por tierras de Galilea, Samaria y Judea; lo veían dormir al raso e incluso en la popa de un pequeño barco; lo escuchaban, fueron testigos de muchos milagros asombrosos.

Es claro que nosotros no podemos, pero Dios sí. Y, como es Él quien está empeñado en comunicarse con nosotros, en el Bautismo nos infunde en el alma la capacidad de enlazar con Jesús, de escucharlo, de hablarle, de establecer una relación de amistad con Dios. Esta capacidad la llamamos fe. Ella es el terreno, el cable, el ámbito de nuestra relación personal con Dios.

Hace años, cuando comenzó el chateo sin fotos por internet, hubo personas que establecieron una amistad profunda con otras de distintos países, e incluso de otros continentes, por medio de esa comunicación digital. Quizá precisamente porque no se veían ni se conocían visualmente, su intercambio personal era auténtico. Se comunicaban de alma a alma. Abrían su intimidad, trasvasaban sus mundos interiores y surgía la amistad. Más adelante, si era posible, buscaban también encontrarse en algún lugar, pero la amistad ya estaba plantada.

Jesucristo es Dios hecho hombre. Está vivo. Me quiere hasta el punto de haber muerto por mí. Así lo experimentó san Pablo: *me amó y se entregó por mí*[25]. Jesús me busca, no porque me necesite, sino porque me quiere y sabe que yo lo necesito. Él me ha hecho de manera que solo su amor puede aquietar mi deseo de felicidad.

Pero para amar a una persona, hay que conocerla. Para conocerla, hay que tratarse: escuchar y hablar. Es claro que, por mi parte, no hay problema. Yo puedo dirigirme a Jesús con palabras que salen del corazón y de la boca, ya sean oraciones que he aprendido de niño –el Padrenuestro, el Avemaría, etc.– o con palabras que invento para decirle lo que se me ocurre. La mayoría de los cristianos piensa que aquí termina la posibilidad de enlazar con Jesucristo. Pero no es así. Es más; si eso fuera lo máximo a lo que podemos aspirar, no sería posible una amistad entre cada cristiano y Jesús, pues, si Él no me habla, si no me desvela su mundo interior, sus pensamientos, sus sentimientos, su historia, yo no puedo conocerlo y sin conocimiento mutuo no prende la amistad.

Pero Jesús no solo está vivo, sino que habla. A él, Hijo unigénito de Dios, le llamamos «Verbo», que significa Palabra. Jesús es Palabra, Pensamiento, Sentido, Razón *(Logos)* de Dios.

---

[25] *Ga* 2, 20.

Cuando vivió en este mundo con su cuerpo mortal, Jesucristo dedicó los tres últimos años de su vida a darnos a conocer a su Padre Dios, con palabras que tenían y tienen una fuerza sobrehumana. Jesús lo ordena, y el alma de Lázaro vuelve a su cuerpo, que ya olía mal pues llevaba cuatro días enterrado. Jesús lo manda, y el mar embravecido de Galilea se aquieta como una balsa. Jesús dice: *Quiero*, y el leproso queda limpio. Las palabras del «Verbo» hecho hombre nos ponen en contacto con Dios, como reconoce Pedro en Cafarnaún: *Tú tienes palabras de vida eterna*[26].

Cuando el Obispo bautiza a un adulto, en el atrio de la iglesia le pregunta:

—¿Qué pides a la Iglesia de Dios?

El candidato contesta:

—La fe.

El obispo:

—¿Qué te otorga la fe?

El candidato:

—La vida eterna.

Del don divino de la fe, los cristianos esperamos la vida eterna, que no es una vida como esta, pero sin fin, sino la vida en plenitud que sacia toda nuestra sed de felicidad. Jesús dijo que había venido para que tuviésemos vida en abun-

---

[26] *Jn* 6, 68.

dancia[27]. Y, en otra ocasión, explicó qué es la vida eterna: *Que te conozcan a ti, único Dios verdadero, y a tu enviado, Jesucristo*[28].

En la lengua que hablaba Jesús, la palabra «conocer» no significa solo «saber», sino «tener experiencia». Conocer la guerra quiere decir haber luchado en alguna batalla; conocer a una persona es vivir con ella. Conocer a Dios consiste en tener una relación personal de amistad con Jesús, compartir su vida, sus sentimientos, sus pensamientos, sus deseos, sus alegrías y sus penas. La «vida eterna» de la que habla aquí Jesús no es solo la vida en Dios que disfrutan los habitantes del cielo, sino la vida de amistad con Jesucristo que comienza aquí en la tierra.

La vida humana en su plenitud «es relación con Aquel que es la fuente de la vida. Si estamos en relación con Aquel que no muere, que es la Vida misma y el Amor mismo, entonces estamos en la vida. Entonces vivimos»[29].

La fe es un don de Dios que nos da la capacidad de tener una relación de amistad con Jesús. Este trato con Jesús vivo comienza con un encuentro personal, en la intimidad del alma, por

---

[27] Cfr. *Jn* 10, 10.
[28] *Jn* 17, 3.
[29] Benedicto XVI, *Spes Salvi*, 27, *in fine.*

iniciativa divina, que deja en el corazón una sed de Dios. Notamos dentro de nosotros entonces una inquietud que nos lleva a buscarle en la Palabra de Dios contenida en la Sagrada Escritura; en los sacramentos, especialmente en la Santa Misa; en los demás hombres, todos ellos, imágenes de Dios; y en todos los senderos del mundo, pues conservan las huellas del caminar terreno de Jesús.

La oración del corazón

Este libro pretende mostrar los primeros pasos para alcanzar una relación personal con Jesucristo.

Todos los bautizados tenemos capacidad para lograrlo, pero pocos lo intentan, pues la mayoría desconocen que es posible o no saben qué hacer para empezar. Sin embargo, esa relación personal con Jesucristo cambia la vida de las personas.

Hay muchos y buenos libros sobre la oración, la Misa y la transformación que el Espíritu Santo obra en la persona que cultiva un trato frecuente con Jesucristo. Todos ellos contienen valiosas consideraciones sobre la necesidad de orar y de recibir la fuerza de Dios en los sacramentos. Todos afirman, porque es así, que no existen métodos y que cada uno ha de buscar su propio camino para escuchar y hablar con Dios por medio de Jesús. Así lo expresa también el *Catecismo de la Iglesia Católica:* «El Señor conduce a cada persona por los caminos de la vida, de la manera que Él quiere. Cada fiel, a su vez, le responde según la determinación de su corazón y las expresiones personales de su oración»[30].

La expresión más conocida de la oración es la que dirigimos a Dios con palabras que emitimos con nuestra voz; por eso se llama oración vocal. «Pero lo más importante es la presencia del corazón ante Aquel a quien hablamos en la oración»[31]. Toda verdadera oración, ya salga fuera con sonido de palabras, o se mantenga en nuestro interior, ha de proceder del corazón.

En este contexto, el término «corazón» se usa en el sentido que tiene en la Sagrada Escritura, tal como lo explica un maestro contemporáneo de vida espiritual[32]: «Cuando en la Sagrada Escritura se habla del corazón, no se trata de un sentimiento pasajero, que trae la emoción o las lágrimas. Se habla del corazón para referirse a la persona que, como manifestó el mismo Jesucristo, se dirige toda ella –alma y cuerpo– a lo que

---

[30] *CEC*, n° 2699.
[31] *CEC*, n° 2700.
[32] San Josemaría Escrivá, *Es Cristo que pasa*, n. 164.

considera su bien: "porque donde está tu tesoro, allí estará también tu corazón"[33]».

El Catecismo de la Iglesia Católica nos recuerda que «la oración vocal es un elemento indispensable de la vida cristiana»[34]. San Lucas relata que *una vez que estaba Jesús orando en cierto lugar, cuando terminó, uno de sus discípulos le dijo: «Señor, enséñanos a orar, como Juan enseñó a sus discípulos». Él les dijo: «Cuando oréis, decid: Padre, santificado sea tu nombre, venga tu reino, danos cada día nuestro pan cotidiano, perdónanos nuestros pecados, porque también nosotros perdonamos a todo el que nos debe, y no nos dejes caer en tentación»*[35].

Aunque el modo de orar más frecuente de Jesús que nos presentan los evangelios era comunicarse con su Padre desde el corazón, sin ruido de palabras, también lo muestran elevando su voz como cuando exulta de alegría: *Te doy gracias, Padre, Señor del cielo y de la tierra, porque has escondido estas cosas a los sabios y entendidos, y se las has revelado a los pequeños*[36]; o cuando reza ante la tumba de Lázaro: *Padre, te doy gracias porque me has escuchado*[37]; o en la agonía del Huerto de los Olivos:

---

[33] *Mt* 6, 21.
[34] *CEC*, nº 2701.
[35] *Lc* 11, 1-5.
[36] *Mt* 11, 25.
[37] *Jn* 11, 41.

Padre, si quieres, aparta de mí este cáliz; pero no se haga mi voluntad, sino la tuya[38].

Los seres humanos tenemos a veces necesidad de expresar exteriormente nuestros sentimientos más profundos, porque somos unidad de cuerpo y espíritu[39].

Además de la oración que, procedente del corazón, se expresa con palabras, los cristianos tenemos otros modos de orar, como la oración litúrgica, cuando la Iglesia tributa a Dios un culto público para adorar, alabar, agradecer, desagraviarle o pedir por nosotros y por todos los hombres; esta oración la practicamos en común con otros bautizados.

En este libro, dirigido a mostrar el camino para conseguir una relación personal con Jesús, vamos a centrarnos en la oración que con más asiduidad practicó Jesucristo; esa forma de oración interior, en silencio, que recibe muchos nombres –meditación, oración mental, contemplación, lectura meditada de la Sagrada Escritura, etc.–, según el aspecto que se quiere subrayar, y que podría llamarse también la oración del corazón.

En los Hechos de los Apóstoles, el libro del Nuevo Testamento que narra la primera expan-

---

[38] *Lc* 22, 42.
[39] Cfr. *CEC*, n° 2702.

sión de la Iglesia, se lee: *Al día siguiente, mientras estos caminaban y se acercaban a la ciudad, subió Pedro a la terraza hacia la hora de sexta para orar*[40]. A mediodía, Pedro se retira a un lugar tranquilo, la terraza, para hacer oración. ¡Qué fácil le resultaría recordar alguna escena de la vida de Jesús y revivirla en su interior para paladear aquellas palabras de «vida eterna» que salieron de la boca del Señor! Pedro necesitaba estos ratos largos de oración silenciosa. Él había visto a Jesús retirarse muchas veces a un lugar solitario para entrar en coloquio interior con su Padre celestial.

Después de la primera multiplicación de los panes, cuenta san Mateo, *Jesús apremió a sus discípulos a que subieran a la barca y se le adelantaran a la otra orilla, mientras él despedía a la gente. Y después de despedir a la gente subió al monte a solas para orar. Llegada la noche estaba allí solo*[41]. San Lucas relata que, antes de escoger a los doce, *Jesús salió al monte a orar y pasó la noche orando a Dios*[42]. San Marcos, cuando describe una jornada de Jesús en Cafarnaún, señala: *Se levantó de madrugada, cuando todavía estaba muy oscuro, se marchó a un lugar solitario y allí se puso a orar*[43]. A los discípulos les debió de

---

[40] *Hch* 10, 9.
[41] *Mt* 14, 22-23.
[42] *Lc* 6, 12.
[43] *Mc* 1, 35.

impresionar ver a su Maestro retirarse con frecuencia a lugares solitarios para orar, y por eso lo imitaron y enseñaron a los primeros cristianos a orar con el corazón.

Cada bautizado ha de buscar su propio camino para alcanzar una relación personal con Jesucristo. Para facilitárselo, resulta conveniente enseñarles algún método sencillo que les permita dar los primeros pasos y afianzar poco a poco esta práctica dentro de su programa de vida, a veces complicado y poco previsible.

No se trata de cuadricular la propia existencia, pero todos tenemos experiencia de lo mucho que cuesta dedicar un tiempo fijo a una actividad, hasta que queda incorporada a nuestro plan diario; y mucho más si, como es el caso, se trata de una actividad interior que, a primera vista, parece que no va a producir un beneficio tangible a corto plazo.

Por otro lado, no es raro escuchar que la auténtica oración del corazón es la que brota de forma espontánea y que, por lo tanto, no tiene sentido tratar de ejercitarnos en ella cada día dedicándole, con esfuerzo, un tiempo fijo.

Esta afirmación, a primera vista convincente, no es verdadera. La experiencia nos enseña que conseguir algo valioso –estudiar una carrera, preparar una oposición, participar en unos Juegos

Olímpicos, progresar en alguna habilidad, etc.– requiere someterse a una disciplina. Y esto que vemos en la vida profesional, deportiva e incluso en la artística, sucede también en la vida espiritual.

Ciertamente, en ocasiones especiales, como cuando se nos concede un momento de gozo o una luz, o ante un peligro repentino, todos podemos sentir la necesidad de elevar el espíritu a Dios. También puede ocurrir sin un motivo especial. Pero esa oración que brota del corazón sin poner nada de nuestra parte es una excepción. Y, desde luego, sobre ella no podemos construir una relación estable con Jesús.

El ser humano mejora cuando desarrolla alguna capacidad a base de repetir, con decisión propia, acciones que crean dentro de él un modo de ser –hábito– que antes no tenía. Por ejemplo, un joven perezoso que, durante años, lucha cada día por estudiar en casa con intensidad dos o tres horas, al cabo del tiempo observará que esa actividad no solo no le cuesta, sino que disfruta con ella. De ser perezoso ha pasado a ser laborioso. Se ha mejorado a sí mismo.

Al principio, la oración interior o del corazón no apetece; más aún, puede resultar tediosa. Sucede algo parecido a lo que siente ese joven que decide tomar en serio el estudio en casa. Los primeros días está a punto de abandonar la brega, y lo haría si no tuviese un motivo fuerte para seguir adelante. Enseguida percibe que, para concentrarse, necesita un lugar donde nada lo distraiga y, antes de empezar, tiene que apagar el móvil. En su casa todos asumen que no deben molestarlo en ese tiempo.

La primera temporada es la peor, sobre todo porque, de vez en cuando, piensa que muchos de sus compañeros se están divirtiendo con amigas en la calle y él podría hacer lo mismo. La tentación de echarlo todo a rodar, cuando empieza a doler la cabeza o cuando se nota embotado, es fuerte. Pero, solo si resiste, podrá algún día disfrutar de la actividad que ahora le cuesta tanto. Así somos y así suele pasar cuando uno decide buscar, pase lo que pase, la amistad con Jesucristo por medio de la oración interior.

En la oración del corazón, como en todas nuestras acciones, la clave es la motivación: el deseo de alcanzar un trato de amistad con Jesús. Los deseos son el motor de la vida. Cuanto más grande sea el deseo, más empeño pondremos.

De todas formas, para que arraigue en nuestra vida la oración del corazón, no basta el deseo, por muy fuerte que sea. Necesitamos que Dios Espíritu Santo fortalezca la voluntad, ilumine el entendimiento y caliente el corazón. Pero ese deseo, que se manifiesta en una lucha diaria por buscar la manera de encontrarnos a solas con Dios y alimentarnos con su Palabra, atrae siempre la acción de Dios sobre nuestra alma. A Dios hay que «conquistarlo». Es su modo de jugar con nosotros.

El lugar del encuentro con Dios

El ser humano, cuerpo y alma en unidad, forma un mundo interior, despertado y nutrido por el exterior, que constituye el centro vivo de la persona, lo que unifica las fuerzas, cualidades, sentimientos, decisiones y acciones. Nuestra vida se desarrolla entre dos polos: uno, nuestra interioridad, que juzga y orienta lo que nos sucede; otro, lo de fuera, el mundo exterior en el que nos movemos. De la correcta relación que tengamos entre esos dos mundos depende nuestro equilibrio, que es condición de serenidad y felicidad. Tan malo resulta perderse fuera, al dejarnos llevar por los estímulos que llegan del exterior, como enredarse dentro de uno mismo y aislarnos de lo que nos rodea.

El sábado 3 de mayo del 2003, ante una muchedumbre de jóvenes que abarrotaban la Base aérea de Cuatro Vientos, en Madrid, san Juan Pablo II dijo: «El drama de la cultura actual es la falta de interioridad, la ausencia de contemplación. Sin interioridad, la cultura carece de entrañas, es como un cuerpo que no ha encontrado todavía su alma».

Vivimos golpeados por multitud de estímulos que impiden entrar en la morada interior. Por un lado, está el torrente de información e intercomunicación facilitado por los teléfonos inteligentes, ordenadores, radio y televisión. Por otro lado, poco a poco aceleramos nuestro ritmo vital porque queremos hacer más cosas en el mismo tiempo. Además, el afán de algunos por exponer a la curiosidad morbosa del espectador lo que debiera permanecer en el ámbito de la propia intimidad, genera en muchas personas la permanente dispersión de los sentidos, que provoca un vacío interior.

Las estadísticas muestran que los europeos pasamos cuatro horas diarias de media ante el televisor o el ordenador. Este continuo volcarse hacia afuera empobrece la casa interior. Casi sin darnos cuenta, perdemos el sentido de lo que hacemos y, como consecuencia, aparece en el horizonte la amenaza del aburrimiento.

Para huir de él, en vez de pararse y recuperar la interioridad perdida, muchos se lanzan a la búsqueda de nuevas sensaciones. Se vive entonces en un torbellino superficial en el que la música a todo volumen atonta el pensamiento, y la locuacidad plagada de tópicos enmascara una tristeza que apenas se consigue disimular. A la vuelta de la esquina nos aguarda la desesperación. Sin apenas interioridad, la persona pierde su alma, se convierte en un des-almado, porque no se posee a sí mismo, no tiene nada dentro, es un «hacia afuera» insustancial.

¿Habrá gente interesada en facilitar la pérdida de la interioridad para inducir a muchos a que piensen y actúen de la forma que más conviene a sus intereses ideológicos o comerciales? Resulta curiosa la moda de construir viviendas con fachada de cristal. En los países comunistas de Europa oriental estaba prohibido poner persianas en las ventanas.

Cuidar nuestra casa interior, cerrar con frecuencia las ventanas de los sentidos que nos comunican con el exterior, detener el curso de nuestros pensamientos e inquietudes para sosiego del alma, permite mirar la realidad que nos rodea y comprenderla, ya se trate de una obra de arte, de alguna parte del universo creado o de la realidad suprema que es Dios. La actitud interior orienta la mirada exterior.

He visto a un poeta detenerse junto a un árbol y contemplarlo largo rato. «¿No escuchas –me dijo– el lento fluir de la vida desde el hondón de la tierra hasta la última hoja?». Qué distinta es la mirada de un leñador que sopesa el grosor del tronco para saber cuánto tiempo falta para derrumbarlo con la motosierra; o la de un vendedor de maderas, que calcula el precio que va a poner este año al tablón de pino.

La mirada contemplativa de cuya ausencia se quejaba Juan Pablo II en Cuatro Vientos sabe distinguir una cosa –un «eso»–, de una persona, –un «tú»–. Para el hombre disperso, volcado hacia el exterior, todo lo de fuera son cosas para usar, disfrutar, consumir. Está ciego para lo valioso, porque los sentidos le han embotado el corazón. «He aquí mi secreto –dijo el zorro al pequeño príncipe– que no puede ser más simple: solo con el corazón se puede ver bien; lo esencial es invisible para los ojos»[44].

«El corazón es la morada donde yo estoy, o donde yo habito (según la expresión semítica o bíblica: donde yo «me adentro»). Es nuestro centro escondido (…). Es el lugar del encuentro, ya que, a imagen de Dios, vivimos en relación: es el lugar de la Alianza»[45].

Si un día vemos una escena o una persona que nos gusta y queremos recordarla, hacemos una

---

[44] Antoine de Saint-Exupery, *El pequeño príncipe*.
[45] *CEC*, nº 2563.

foto o pintamos un cuadro que representa esa escena o a esa persona. Así, cada vez que vemos la imagen que hemos fotografiado o pintado, nos ponemos mentalmente en relación con esa escena o esa persona. Una imagen, por tanto, sirve para ponerme en contacto con la realidad que representa.

Cuando la Biblia dice «creó Dios al hombre a su imagen»[46], nos está enseñando que Él creó al hombre de manera que pudiera establecer una relación personal con Dios. «El hombre, por naturaleza y vocación, es un ser esencialmente religioso, capaz de entrar en comunión con Dios. Esta íntima y vital relación con Dios otorga al hombre su dignidad fundamental»[47]. En nuestra alma hay una puerta que, cuando la abrimos, nos permite comunicarnos con Dios[48].

El mismo Jesús se refiere a nuestro interior al hablar del ámbito donde se desarrolla su acción salvadora, que llama «Reino de Dios»[49]. «Cuando aquietamos nuestros sentidos, y nos entretenemos dentro de nosotros mismos con Dios y, apartados de los torbellinos del mundo, nos recogemos dentro de nosotros mismos, entonces

---

[46] *Gn* 1, 27.
[47] *Compendio del Catecismo de la Iglesia Católica*, n° 2.
[48] Cfr. Gabrielle Bossis, *Él y yo*, pág. 34.
[49] Cfr. *Lc* 17, 21.

vemos claramente el Reino de Dios dentro de nosotros»[50].

A este entrar dentro de nosotros mismos para buscar el encuentro con Dios se le llama tradicionalmente «recoger el corazón»[51]. Nunca ha sido tarea fácil, pero hoy nos resulta especialmente costosa por la prisa que nos acelera y, sobre todo, por la cantidad de cosas que se agitan en nuestro interior: planes, preocupaciones, noticias, imágenes, músicas, miedos, deseos, ambiciones, etc.

Recoger el corazón es «habitar la morada del Señor que somos nosotros mismos»[52]. Jesús nos prometió que, si lo amamos y guardamos su palabra, es decir, si ese amor se manifiesta en obras de caridad, de atención y servicio a los demás, su Padre nos amará y las Tres Personas de nuestro único Dios vendrán a alojarse en nuestro interior[53]. Nos habitamos cuando nos damos cuenta de que Dios ha querido poner su morada en nuestro corazón. Necesitamos entonces «despertar la fe para entrar en la Presencia de Aquel que nos espera»[54]. Nuestra fe se despierta cuando la ponemos en movimiento con actos de fe, de confianza y de amor a Dios.

---

[50] San Juan Damasceno, *Homilía in Transfigurationem Domini*, 9.

[51] *CEC*, n° 2711.

[52] CEC, n° 2711.

[53] Cfr. *Jn* 14, 23.

[54] CEC, n° 2711.

La interioridad crece cuando cada día procuramos desarrollar ese «espacio interior», ese «centro» de nuestro vivir. Se trata de entrar en nosotros mismos para tomar contacto con Dios por medio de la lectura, la meditación y la contemplación de su Palabra, contenida en las Escrituras. Cuando aún no tenemos costumbre de hacerlo, este ejercicio de parar toda la frenética actividad exterior y sumergirnos en nosotros puede resultar trabajoso. Pero no hay otro camino si queremos encontrarnos con Jesús vivo que «nos espera». Al principio será frecuente que dediquemos todo el tiempo de la oración del corazón a ponernos «en presencia de Dios», a hacernos conscientes de la cercanía de Jesús, que siempre nos está mirando porque nunca deja de amarnos.

No es cosa de poca monta este afán nuestro, ni hemos de pensar que nuestra oración se ha frustrado si, al terminar el tiempo, vemos que ni siquiera hemos conseguido que nuestra atención se centrase por completo en la búsqueda de Jesús. Dios nos mira con el mismo agrado que un padre ve a su hijo de apenas un año intentar subir una escalera, sin conseguir superar ni siquiera el primer peldaño. Y, cuando quiera, nos tomará entre sus brazos y nos subirá en un instante a esa habitación interior donde está Él.

Un método asequible
para meditar la Palabra de Dios

Cuando uno quiere aprender a montar en bicicleta, a nadar o a jugar al baloncesto, suele pedir a algún experto que le enseñe los rudimentos de la práctica de ese deporte. Entonces, normalmente recibe unos consejos prácticos que sirven para lanzarse y comenzar a practicar. Después, cada uno, con el paso del tiempo, va mejorando su estilo, sin necesidad de ajustarse por completo a aquellos consejos que le sirvieron para empezar.

En el aprendizaje del trato con Dios sucede algo similar. Cada persona ha de encontrar su camino para relacionarse con Dios, pues no hay dos personas iguales y, además, en este caso, el Espíritu Santo guía y enseña a cada uno. Dice el Catecismo de la Iglesia Católica: «Los métodos de meditación son tan diversos como los maestros espirituales. Un cristiano debe querer meditar regularmente; si no, se parece a las tres primeras clases de terreno de la parábola del sembrador[55]. Pero un método no es más que una guía; lo importante es avanzar por el único camino de la oración: Cristo Jesús»[56].

---

[55] Cfr. *Mc* 4, 4.5.7.15.16.18.
[56] *CEC*, nº 2707.

El método que voy a exponer proviene de un maestro espiritual que enseñó a muchos miles de personas que viven en medio del mundo, a ponerse en relación con Dios, por medio de la oración silenciosa que sale del corazón. Me refiero a san Josemaría Escrivá de Balaguer, a quien deseo expresar mi agradecimiento más profundo por haber descubierto a los cristianos «de a pie» que, en el Bautismo, recibimos la llamada divina a ser santos. El mensaje de san Josemaría fue ofrecido a todos los cristianos por el Concilio Vaticano II con estas palabras: «Todos los fieles, de cualquier estado o régimen de vida, son llamados a la plenitud de la vida cristiana y a la perfección de la caridad»[57].

La santidad consiste en unirse a Jesucristo, hasta identificarse con Él. En este proceso, que dura toda la vida, la voz cantante la lleva el Espíritu Santo, que nos ofrece la fuerza de su gracia en los sacramentos, y la luz divina de sus inspiraciones en la oración. Pero Dios cuenta necesariamente con nuestra libertad que, en este caso, se despliega en el esfuerzo por abrirnos y facilitar su trabajo en nuestra alma, por medio de un combate espiritual permanente. De ahí que san Josemaría predicase a todos los bautizados que «el

---

[57] Conc. Vat. II, Const. dogm. *Lumen gentium*, 40.

sendero que conduce a la santidad es sendero de oración; y la oración debe prender poco a poco en el alma, como la pequeña semilla que se convertirá más tarde en árbol frondoso»[58].

Aunque, entre los primeros cristianos, la oración del corazón era práctica común, poco a poco, a medida que el cristianismo se extendía por todas las naciones, este tipo de oración interior quedó reservada a aquellas personas que se retiraban del mundo para dedicar su vida, en exclusiva, a la búsqueda de la unión con Dios en el desierto, o en un monasterio. San Josemaría rompió esa tradición y se lanzó a enseñar a los cristianos de la calle, en su mayoría casados, a buscar la intimidad con Jesús por medio de la oración mental.

Amigo y defensor de la libertad, san Josemaría evitó proponer un método rígido de oración. Afirmaba que «hay muchas, infinitas maneras de orar»[59]. Al mismo tiempo, su amor por las almas lo empujó a transmitir su experiencia en el trato con Dios. Lo hace, sin embargo, con tal delicadeza y respeto que, a veces, no es fácil distinguir lo que es patrimonio común de la Iglesia y lo que él aprendió del Maestro común, el Espíritu Santo.

---

[58] San Josemaría Escrivá, *Amigos de Dios*, nº 295.
[59] *Ibídem,* nº 243.

Como los destinatarios de sus enseñanzas eran gente corriente, cuya vida discurre en el ajetreo diario por sacar la familia adelante con un trabajo profesional intenso, san Josemaría insiste en primer lugar en la necesidad de dedicar un tiempo diario a la oración interior: «Que no falten en nuestra jornada unos momentos dedicados especialmente a frecuentar a Dios, elevando hacia Él nuestro pensamiento, sin que las palabras tengan necesidad de asomarse a los labios, porque cantan en el corazón. Dediquemos a esta norma de piedad un tiempo suficiente; a hora fija, si es posible»[60].

En una jornada llena de cosas por hacer, en la que intentamos comprimir las horas para llegar a todo, reservar un tiempo para entrar en relación personal con Jesús parece un lujo que pocos se pueden permitir. Sin embargo, todos sabemos que, cuando algo nos interesa de verdad, nos las arreglamos para conseguirlo. Por eso, acotar un tiempo cada día para estar con Jesús requiere, ante todo, estar convencidos de su necesidad. Para los cristianos de a pie, hoy, tener un rato de oración interior es tan necesario como comer.

Además, a Dios hemos de tratarlo con delicadeza de enamorado. Si, debido al cansancio, a

---

[60] *Ibídem*, nº 249.

partir de las diez de la noche ya no estamos para nadie, no podemos engañarnos y pensar que sí estamos para Dios. El tiempo, poco o mucho, que dedicamos en exclusiva a Dios cada día ha de ser un tiempo en el que tengamos la cabeza despejada y el corazón despierto para buscar el trato con Jesús. El Señor es sensible a estos detalles que tenemos con Él. Basta recordar el reproche que dirigió al fariseo Simón, que lo invitó a su casa a comer, pero no le dio agua para lavarse los pies al entrar, ni lo saludó con el beso de la paz, ni le ungió la cabeza con perfume, como era costumbre hacer con los huéspedes[61].

Sobre el lugar más adecuado, san Josemaría aconseja hacer oración «al lado del Sagrario, acompañando al que se quedó por Amor. Y, si no hubiese más remedio, en cualquier parte, porque nuestro Dios está de modo inefable en nuestra alma en gracia»[62]. Esto es lo que él vivió. Cuando estaba de viaje, hacía la oración en el coche. Otras veces, si no podía entrar en una iglesia u oratorio, por la calle, o incluso en un medio de transporte público.

El primer paso para meditar la Palabra de Dios consiste en hacer silencio dentro de nosotros y

---

[61] Cfr. *Lc* 7, 36-50.
[62] *Ibídem.*

centrar la atención de nuestra inteligencia y nuestra voluntad en Jesús. De esto depende la calidad de nuestra oración.

Al principio, la lucha por recogernos interiormente puede ocupar bastante tiempo. San Josemaría enseñó una oración sencilla que, si se repite despacio varias veces, fijándonos bien en el sentido de cada palabra, ayuda a dirigir nuestra mirada interior al Señor y nos dispone para leer y meditar la Palabra de Dios. Dice así para empezar: «Señor mío y Dios mío, creo firmemente que estás aquí, que me ves, que me oyes. Te adoro con profunda reverencia. Te pido perdón de mis pecados, y gracia para hacer con fruto este rato de oración. Madre mía Inmaculada, san José, mi Padre y Señor, Ángel de mi guarda, interceded por mí»[63].

Con estas palabras actualizamos nuestra fe en la presencia de Dios junto a nosotros, lo reconocemos como nuestro Rey y Señor y por eso lo adoramos; le pedimos perdón por nuestros pecados y le suplicamos que nos ayude porque, sin Él, no podemos nada. Por último, acudimos a las personas más cercanas a Jesús para que hablen bien de nosotros a Dios. Es conveniente pedir

---

[63] *Diccionario de San Josemaría Escrivá*, Guillaume Derville, voz: ORACIÓN, ed. Monte Carmelo, p. 911.

ayuda también al Espíritu Santo, con alguna pequeña oración.

El segundo paso es leer algún texto de los Evangelios o del Nuevo o del Antiguo Testamento, o bien algún comentario de un pasaje de esos libros, escrito por un santo o un autor con experiencia en la vida de oración. Esta lectura de dos o tres párrafos ha de hacerse despacio, fijándonos en cada palabra. Muchas veces, si vemos que así nos va mejor, será bueno releerlos dos o tres veces, sin prisa, como si dispusiéramos de todo el tiempo del mundo.

A veces, después de estas lecturas reposadas, encontramos algo que nos llama la atención, como si sobre alguna palabra o expresión comenzase a parpadear una lucecilla. Otras veces será conveniente, sobre todo si estamos leyendo algún pasaje de los evangelios, situarnos con la imaginación en el lugar donde sucede lo que se está narrando, y reproducir la escena en nuestro interior, como si se tratase de una película, metiéndonos dentro de ella «como un personaje más»[64]. Se trata de comprender el texto lo mejor posible.

Sobre la necesidad de llevar siempre un libro a la oración, escribe santa Teresa de Jesús: «Jamás osaba comenzar a tener oración sin un libro; que

---

[64] San Josemaría Escrivá, *Amigos de Dios*, nº 253.

tanto temía mi alma estar sin él en oración, como si con mucha gente fuera a pelear. Con este remedio, que era como una compañía o escudo en que había de recibir los golpes de los muchos pensamientos, andaba consolada. Porque la sequedad no era lo ordinario, mas era siempre cuando me faltaba libro, que era luego desbaratada el alma, y los pensamientos perdidos: con esto los comenzaba a recoger y como por halago llevaba el alma. Y muchas veces, en abriendo el libro, no era menester más. Otras, leía poco, otras mucho, conforme a la merced que el Señor me hacía»[65].

El tercer paso lo describe así san Josemaría: «Después aplicas el entendimiento, para considerar aquel rasgo de la vida del Maestro: su Corazón enternecido, su humildad, su pureza, su cumplimiento de la Voluntad del Padre»[66]. Aplicar el entendimiento significa dar vueltas a lo que hace o dice Jesús, «rumiar» sus palabras. Podemos considerar también qué relación tiene eso con nuestra vida. Meditar la Palabra de Dios es escucharla de labios de Jesús, como dirigida particularmente a nosotros, discurrir sobre ella, aplicárnosla.

Estamos, como María de Betania, sentados a los pies de Jesús que habla, mientras nos mira

---

[65] Santa Teresa de Jesús, *Vida*, cap. 4, 9.
[66] San Josemaría Escrivá, *Amigos de Dios*, n° 253.

con ternura infinita. No se trata de buscar un conocimiento intelectual de Jesús, sino de penetrar en su alma, sintonizar con Él, dejar que sus palabras y pensamientos entren, iluminen y enciendan nuestro corazón. Nos jugamos mucho en esta «escucha» de Dios que nos habla, pues de cómo recibamos la Palabra de Dios dependerá nuestra respuesta.

«Luego cuéntale lo que a ti en estas cosas te suele suceder, lo que te pasa, lo que te está ocurriendo»[67]. Una vez que la Palabra de Dios ha dejado luz en la inteligencia y calor en nuestro corazón, ya estamos en condiciones de responder al Señor con una oración personal, íntima, que sale de nuestro pensamiento y vuela directamente a Dios, sin ruido de palabras. Este sería el cuarto paso.

¿Cómo se manifiesta esta oración sin palabras, que sale del corazón, como fruto de la atenta escucha y meditación de lo que Jesús nos dice? Unas veces tendremos necesidad de expansionarnos con el Señor contándole lo que Él ya sabe, pero nosotros necesitamos decir. Otras, al descubrir cómo nos bendice, subirá de nuestro interior una alabanza entusiasta a Dios, por lo bueno que es con nosotros y con todos. En ocasiones, sobre todo

---

[67] *Ibíd.*

si estamos ante la Eucaristía, sentiremos la necesidad de adorar, que consiste en humillar el espíritu, desde nuestra condición de criaturas, ante el «Rey de la gloria»[68].

Habrá días en que el Señor nos haga ver cuánto le necesitamos. Brotarán entonces peticiones, que llegarán a Jesús con la insistencia de aquel hombre que no paraba de llamar de noche a la puerta de su amigo, ya acostado, hasta que consiguió los tres panes que necesitaba para dar de cenar a su huésped[69]. Y otras veces, nuestra oración será interceder ante Dios a favor de otro. Y quizá resuene entonces dentro de nosotros aquella promesa de Jesús: *Pedid y se os dará, buscad y hallaréis, llamad y se os abrirá; porque todo el que pide recibe, y el que busca halla, y al que llama se le abre*[70].

En otras ocasiones, al descubrir, con las luces de Dios, miserias de nuestra alma que no conocíamos, vendrán a la mente las palabras del publicano: *¡Oh Dios!, ten compasión de este pecador*[71], porque el Espíritu Santo nos empujará a pedir perdón por nuestros pecados y los de los demás.

Y habrá días en que nos saldrá del alma la necesidad de agradecer tantas cosas a Dios y no

---

[68] *CEC*, n° 2628.
[69] Cfr. *Lc* 11, 5 y ss.
[70] *Lc* 11, 9.10.
[71] *Lc* 18, 13.

encontraremos palabras. Nos quedaremos entonces mirando a Jesús como esos niños que no pueden articular bien las palabras y solo balbucean.

Al terminar de meditar esos primeros párrafos del texto, pasamos a leer con detenimiento los siguientes e intentamos «rumiarlos», como hemos hecho antes, para que nuestro corazón vuelva a calentarse y pueda dirigirse a Jesús con alguna de las formas de oración que hemos comentado.

El quinto paso es más tarea de Dios que nuestra. Con el paso del tiempo, si nos empeñamos en cultivar esta relación personal con Dios, por medio de la meditación de su Palabra, será útil seguir este consejo de san Josemaría: «Permanece atento, porque quizá Él querrá indicarte algo: y surgirán esas mociones interiores, ese caer en la cuenta, esas reconvenciones»[72].

Esta parte de la oración del corazón es imprevisible. Cuando el Señor quiera intervenir, lo notaremos y nos daremos cuenta enseguida que es Él quien habla. A veces, Jesús usa las mismas palabras de la Escritura que hemos meditado u otras que no conocíamos, para grabar, por medio de ellas, un mensaje en el alma. Otras veces, sim-

---

[72] San Josemaría Escrivá, *Amigos de Dios*, nº 253.

plemente se acerca sin decir nada para llenarnos de paz y seguridad. Y estas intervenciones directas suyas pueden surgir en cualquier momento, incluso fuera del rato que dedicamos a estar a solas con Él.

El Catecismo de la Iglesia Católica explica que Dios llama a todos los bautizados «a una unión cada vez más íntima con Cristo»[73]. Si un cristiano persevera en la meditación diaria de los misterios de la vida de Jesús, puede llegar un momento en que «el entendimiento se aquieta. No se discurre, ¡se mira!»[74]. En este modo de orar, regalo divino, donde, en vez de hablar, miramos los misterios de la vida de Jesús y nos sentimos mirados por Dios, «la luz de la mirada de Jesús ilumina los ojos de nuestro corazón; nos enseña a ver todo a la luz de su verdad y de su compasión por todos los hombres»[75].

Estas experiencias místicas –porque proceden de contemplar los misterios de la vida de Cristo– no tienen por qué ir acompañadas de fenómenos extraordinarios, como muchos piensan cuando oyen hablar de «vida mística». «Esta ha de ser la vida de muchos cristianos, cada uno yendo ade-

---

[73] *CEC*, nº 2014.
[74] San Josemaría Escrivá, *Amigos de Dios*, nº 307.
[75] *CEC*, nº 2715.

lante por su propia vía espiritual –son infinitas–, en medio de los afanes del mundo, aunque ni siquiera hayan caído en la cuenta»[76]. Todo este obrar de Dios se puede dar en la vida de una persona muy ocupada porque tiene que sacar su familia adelante con un trabajo profesional exigente y, al llegar a casa, cuidar de sus hijos y de su cónyuge. Así, mientras su atención está puesta en lo que está haciendo, la luz cálida del amor de Dios en los estratos profundos del alma, mantiene su mirada interior fija en cada una de las Personas de la Santísima Trinidad.

San Josemaría, con expresiones tomadas de tratados clásicos de mística, describe así este trabajo de Dios en el alma: «Me veo como un pobre pajarillo que, acostumbrado a volar solamente de árbol a árbol o, a lo más, hasta el balcón de un tercer piso..., un día, en su vida, tuvo bríos para llegar hasta el tejado de cierta casa modesta, que no era precisamente un rascacielos... Mas he aquí que a nuestro pájaro lo arrebata un águila –lo tomó equivocadamente por una cría de su raza– y, entre sus garras poderosas, el pajarillo sube, sube muy alto, por encima de las montañas de la tierra y de los picos de nieve, por encima de las nubes blancas y azules y rosas, más

---

[76] San Josemaría Escrivá, *Amigos de Dios*, nº 308.

arriba aún, hasta mirar de frente al sol... Y entonces el águila, soltando al pajarillo, le dice: anda, ¡vuela!...»[77].

¿Cómo reconocer, entre todas las cosas que se me ocurren, las inspiraciones que realmente vienen de Dios? El contacto asiduo con Dios por medio de la meditación de su Palabra y la participación en la Misa nos ayuda a distinguir lo que procede de Dios, como el mismo Jesús enseñó, hablando del Buen Pastor: *Las ovejas lo siguen, porque conocen su voz*[78]. Dios habla bajito y nunca se contradice. Por tanto, lo que viene de Él coincide con lo que nos enseña la Iglesia y siempre está dentro del camino al que nos llamó al crearnos y que nosotros descubrimos, con su luz, en un momento dado de nuestra vida. Si, en algún caso, nos entrasen dudas, siempre podemos pedir luces a la persona que nos asesora en nuestra vida espiritual. Por otro lado, todo lo que procede de Dios trae consigo el perfume del Espíritu Santo: paz, alegría, serenidad. Lo que viene del demonio, en cambio, siembra en nuestra alma desconcierto, inquietud y agitación.

Hay quienes piensan que, cuando Dios se comunica con nosotros, siempre es para pedirnos

---

[77] San Josemaría Escrivá, *Forja*, nº 39.
[78] *Jn* 10, 4.

algo que nos va a costar, como si disfrutase complicándonos la vida. Esta manera de ver las cosas no puede proceder sino de nuestra imaginación o del Maligno, que siempre trata de hacernos olvidar que el Señor es un Padre lleno de ternura y de inmenso amor, que respeta nuestra libertad y solo busca nuestro bien. Al leer la vida de los santos, descubrimos la verdad de aquellas palabras de Jesús: *Mi yugo es llevadero y mi carga, ligera*[79].

Seguir las inspiraciones de Dios no complica la vida: la simplifica. El conflicto puede surgir dentro de nosotros cuando nos resistimos a su amoroso querer. Dios, por otro lado, da mucho más de lo que pide. Las inspiraciones divinas iluminan nuestra inteligencia, expanden nuestro corazón y nos dan seguridad, porque nos permiten descubrir la profundidad del amor de Dios por cada uno.

En resumen: leer es buscar a Dios; meditar es encontrarlo; orar es llamar al corazón de Dios y la respuesta de Dios es la contemplación[80].

Al terminar, podemos servirnos de esta breve oración para dar gracias: «Te doy gracias, Dios mío, por los buenos propósitos, afectos e inspira-

---

[79] *Mt* 11, 30.
[80] Cfr. *CEC*, nº 2654.

ciones que me has comunicado en esta meditación. Te pido ayuda para ponerlos por obra. Madre mía Inmaculada, san José, mi Padre y Señor,
Ángel de mi guarda, interceded por mí»[81].

---

[81] *Diccionario de San Josemaría Escrivá de Balaguer*, Guillaume Derville, voz: ORACIÓN, ed. Monte Carmelo, p. 911.

Capítulo II
EL ARTE DE ESCUCHAR A DIOS

*Y (Jesús), comenzando por Moisés
y siguiendo por todos los profetas,
les explicó lo que se refería a él
en todas las Escrituras[1].*

Sentados a los pies de Jesús

«La oración contemplativa es escucha de la palabra de Dios»[2]. La oración contemplativa y la meditación son expresiones de lo que hemos llamado «oración del corazón». En la oración contemplativa predomina la acción de Dios en nosotros, mientras que en la meditación se subraya nuestro afán por buscar la relación con Dios. De todos modos, la oración del corazón es una realidad viva que supera las clasificaciones. Cada cristiano ha de buscar su camino para comunicarse

---

[1] *Lc* 24, 27.
[2] *CEC*, nº 2716.

con Dios, puesto que no hay dos caminos iguales, como no hay dos personas iguales. Sin embargo, en todos los caminos, como en todas las personas, hay elementos comunes.

Santa Teresa de Jesús, Doctora de la Iglesia, define la oración del corazón u oración mental como «tratar de amistad, estando muchas veces tratando a solas con quien sabemos nos ama»[3]. Todos tenemos experiencia de que en el trato entre amigos es más importante escuchar que hablar, aunque para que haya verdadera comunicación son necesarias las dos cosas. Cuando se trata de relacionarnos con Dios por medio de la oración del corazón, el deseo y la actitud interior de escuchar a Dios es fundamental. A lo largo del Antiguo Testamento, los profetas atribuyen los pecados, con los que Israel rompe la Alianza con Dios, a la dureza de corazón del pueblo escogido que no quiere escuchar a Dios. De ahí que la oración más importante de los judíos, donde se recoge el núcleo de su fe y el resumen de la Ley de Moisés, comience con estas dos palabras: *Escucha, Israel*[4]. El mismo Jesús la citó cuando un escriba le preguntó cuál era el mandamiento más importante[5].

---

[3] Santa Teresa de Jesús, *Libro de la vida*, 8.
[4] *Dt* 6, 4.
[5] Cfr. *Mc* 12, 29.

El deseo de escuchar a Dios, cuando buscamos enlazar con Jesús en la oración del corazón, es la actitud adecuada para encontrarlo. Cuanto más grande sea el deseo, más nos abrimos a Dios. De esta apertura a la Palabra de Dios nos habla Jesús en la parábola del sembrador.

Cuando explica el sentido de la parábola, Jesús se revela como sembrador que esparce la semilla de su Palabra en el corazón de sus hijos. Los corazones cerrados están sordos a la Palabra de Dios. Hay corazones superficiales, con poca interioridad, donde la semilla no puede arraigar por falta de tierra; al principio muestran alegría por el tesoro de la Palabra, pero dejan de escucharla ante la primera dificultad. Y hay corazones profundos pero llenos de preocupaciones en los que la Palabra de Dios no puede arraigar porque el afán de bienes materiales y la búsqueda insaciable de comodidad y placeres la ahogan[6]. Por último, están los corazones nobles que acogen con generosidad la Palabra de Dios, la guardan como una joya dentro de sí para meditarla, perseveran en la oración, y esa semilla divina produce frutos de vida nueva.

Hoy en día, una de las mayores dificultades que tenemos para escuchar a Dios es la agitación

---

[6] Cfr. *Lc* 8, 4-16.

interior provocada por la acumulación de actividades exteriores. Esto puede suceder incluso
cuando esos quehaceres están relacionados con el
servicio a Dios y a las personas, como le sucedió
a una discípula de Jesús.

Marta, con su hermana María y su hermano
Lázaro constituían una familia cuya casa en Betania frecuentaba Jesús cuando iba de camino a Jerusalén. En una de esas ocasiones, María, *sentada
junto a los pies del Señor, escuchaba su palabra*[7]. Mientras tanto, Marta se afanaba en preparar aloja-
miento y comida para Jesús y sus discípulos. En
un momento dado, Marta, al ver que María no se
levantaba a ayudarla, con toda confianza le dijo a
Jesús: *Señor, ¿no te importa que mi hermana me haya
dejado sola para servir? Dile que me eche una mano*[8].
Pero Jesús, en vez de darle la razón, como ella espe-
raba, le contestó: *Marta, Marta, andas inquieta y preocupada con muchas cosas; solo una es necesaria. María,
pues, ha escogido la parte mejor, y no le será quitada*[9].

Sentarnos a los pies del Señor es la actitud
adecuada para escuchar a Jesús. Dedicarle un
tiempo cada día exclusivamente a Él, y no un
tiempo cualquiera, sino un tiempo en el que

_____

[7] *Lc* 10, 39.
[8] *Lc* 10, 40.
[9] *Lc* 10, 41-42.

tengo mis facultades plenamente activadas; tratar de serenar nuestro interior para ofrecer a Jesús toda nuestra atención; rechazar la tentación de contestar una llamada, o hacer una gestión mientras estoy con Él; todo esto muestra que, de verdad, creemos en un Dios que nos ama infinitamente, pues para salvarnos no paró hasta hacerse hombre y dar la vida por nosotros en una cruz.

Pararme, sentarme a sus pies, pendiente de sus labios, mirarle a los ojos, llenar mi corazón de deseos de escucharlo, es un acto de fe. Esta fe es el ámbito en que encontramos a Dios, nuestra manera de contactar con Jesús vivo y resucitado. A veces la cercanía de Dios se nota de forma sensible: nos parece sentir su presencia a nuestro lado, nos embarga la emoción al recibir una luz suya, nuestro corazón salta de alegría porque responde a nuestras preguntas.

Pero muchas otras veces no sentimos nada, Jesús parece lejano, estamos secos por dentro, nuestras preguntas quedan sin respuesta. Son momentos en que nos viene a la cabeza el comienzo del salmo que Jesús recitó en la cruz: *Dios mío, Dios mío, ¿por qué me has abandonado? A pesar de mis gritos, mi oración no te alcanza. Dios mío, de día te grito, y no respondes; de noche, y no me haces caso*[10].

---

[10] *Sal* 22 (21), 2-4.

Viene entonces con fuerza la tentación de abandonar la oración del corazón. «¿No es esto una pérdida de tiempo? ¿No habrá sido todo un invento de la imaginación? ¡Con la cantidad de cosas que tengo por hacer! ¿Será que yo no estoy hecho para esto? Total, para salir igual que entré; para eso, lo dejo».

Sin embargo, en esos momentos Jesús está más cerca de nosotros que antes y trabaja en nuestra alma sin que lo notemos. Si no nos desanimamos, si perseveramos y cada día, a la misma hora, volvemos a sentarnos a los pies de Jesús, aunque no lo veamos, nos daremos cuenta de que estábamos buscando los consuelos de Dios en vez de al Dios de los consuelos. Recuerdo haber oído comentar a san Josemaría Escrivá en una reunión de familia a comienzo de los años setenta que, cuando en la oración mental Jesús nos llena el alma de sentimientos agradables, nos está mostrando cómo nos quiere, y, cuando nos los quita, espera que nosotros le mostremos cuánto lo queremos. Esta consideración, fruto de la experiencia de un santo, nos puede ayudar a no dejar nunca la oración del corazón, que no es cosa de sentimientos, sino de fe.

Al sentarnos a los pies de Jesús, mientras a nuestro alrededor la gente corre y corre afanada en mil cosas urgentes, manifestamos que nuestra confianza está puesta en Dios y no en nuestras fuerzas. Mientras intentamos beber las palabras que salen de la boca de Jesús, quizá a veces sin entenderlas, le estamos diciendo que lo necesitamos absolutamente y que solo Él puede salvarnos. Reconocemos nuestra dependencia de Dios y, al mismo tiempo, nos sabemos en manos de un Padre amoroso, lleno de bondad y de amor. Con el paso del tiempo descubrimos que Dios siempre es nuestro Señor y nosotros somos y siempre seremos criaturas suyas.

Algunas personas intentan manejar a Dios como si fuese un idolillo. Buscan vanamente conocer la técnica para que Dios les conceda sus deseos y se enfadan con Él cuando no lo consiguen. Jesús nos enseña a esperarlo todo de Dios, pero sin marcarle nosotros los modos o los tiempos. Amar a Dios supone renunciar a manejarlo. Nosotros creemos que de Él viene todo lo bueno que tenemos y hacemos.

De Jesús sale siempre luz y, si estamos cerca, con el paso del tiempo, descubrimos la suciedad escondida en nuestra alma: egoísmos, vanidad, intenciones torcidas, úlceras que manan rencor... Aunque el demonio insinúe que toda esa reata de miserias nos incapacita para ser de Dios, la verdad es lo contrario; el conocimiento propio nos pone en nuestro sitio delante de Dios: somos criaturas necesitadas de misericordia y perdón. Y la aceptación de nuestra realidad profunda atrae la mirada de Dios, que siempre deja paz.

Del corazón salen entonces las palabras del salmista: *A ti, Señor, levanto mi alma; Dios mío, en ti confío, no quede yo defraudado, que no triunfen de mí mis enemigos, pues los que esperan en ti no quedan defraudados, mientras que el fracaso malogra a los traidores. Señor, enséñame tus caminos, instrúyeme en tus sendas: haz que camine con lealtad; enséñame, porque tú eres mi Dios y Salvador, y todo el día te estoy esperando. Recuerda, Señor, que tu ternura y tu misericordia son eternas; no te acuerdes de los pecados ni de las maldades de mi juventud; acuérdate de mí con misericordia, por tu bondad, Señor*[11].

Dedicar exclusivamente a Dios un rato cada día, ¿no es un acto de amor? Movilizar mi pensamiento, servirme de la imaginación, suscitar deseos de conocer mejor a Jesús con la meditación de su Palabra, ¿no es amor? Disponernos a entrar en ese combate «contra nosotros mismos y contra las astucias del Tentador, que hace todo lo posible para separar al hombre de la oración»[12], ¿no es amor?

El deseo de encontrarnos con Dios, expresado en obras, atrae siempre la atención de Jesús. En

---

[11] *Sal* 25 (24), 1-8.
[12] *CEC*, nº 2725.

Jericó, una de las más antiguas ciudades del mundo, vivía, en tiempos de Jesús, un cobrador de impuestos llamado Zaqueo, bajito y rico. Los funcionarios del Imperio Romano, que ocupaba entonces Israel, exigían de cada ciudad una cantidad de dinero que los publicanos –recaudadores judíos– se encargaban de recolectar. Y aprovechaban esta tarea para enriquecerse ellos mismos. Por colaborar con las fuerzas de ocupación y robar a sus hermanos, los publicanos eran despreciados y considerados pecadores públicos.

Zaqueo habría oído hablar del Rabí Jesús de Nazaret como un hombre de Dios que obraba milagros y acogía a los pecadores públicos, hasta el punto de comer con ellos. Incluso había incluido a uno de sus colegas de Cafarnaún, Leví Mateo, entre ese grupo de discípulos que lo seguían a todas partes. Por eso no es de extrañar que, al enterarse de que Jesús pasaba por su ciudad, saliese a la calle con el deseo de conocerle. Como por su estatura no podía distinguirlo entre la multitud que lo rodeaba, Zaqueo corrió hacia adelante y *se subió a un sicomoro para verlo, porque tenía que pasar por allí*[13]. Este gesto de Zaqueo no pasó inadvertido a Jesús. *Jesús, al llegar a aquel sitio, levantó los ojos y le dijo: «Zaqueo, date*

---

[13] *Lc* 19, 4.

prisa y baja, porque es necesario que hoy me quede en tu casa»[14].

Lo llama por su nombre como si lo conociera de toda la vida; se invita a su casa concediéndole así el honor de albergar a un Rabí al que todos admiraban. Y todo esto para recompensar el empeño de un pecador público que no está dispuesto a dejar pasar de largo al Rabí Jesús. Nuestro sicomoro es el rato de oración del corazón. Desde él podemos ver a Jesús venir hacia cada uno, llamarnos por nuestro nombre y pedirnos que lo dejemos entrar en nuestra vida porque quiere compartirla con nosotros.

Presencia de Dios vivo en la Sagrada Escritura

Año 444 antes de Cristo. Los judíos que han regresado del destierro de Babilonia se han reunido *como un solo hombre en la plaza que está delante de la Puerta del Agua*[15]. A su alrededor, las ruinas del Templo. Estas familias habían abandonado sus propiedades en Babilonia y ahora malvivían en una ciudad devastada por años de abandono. Han regresado a la tierra de Israel porque tienen

---

[14] *Lc* 19, 5.
[15] *Ne* 8, 1.

— 72 —

hambre de la Palabra de Dios, pues llevan muchos años sin ella. Por eso le han dicho *a Esdras, el escriba, que trajese el libro de la ley de Moisés que el Señor había dado a Israel*[16].

Esdras trajo el libro de la ley y, elevado sobre una tribuna para que todos pudieran escucharlo, *abrió el libro en presencia de todo el pueblo, de modo que toda la multitud podía verlo; al abrirlo, el pueblo entero se puso de pie. Esdras bendijo al Señor, el Dios grande, y todo el pueblo respondió con las manos levantadas: «Amén, amén». Luego se inclinaron y adoraron al Señor, rostro en tierra*[17]. Distribuidos por toda la plaza, los levitas explicaban al pueblo el sentido de lo que decía Esdras.

Aquellos judíos, hombres, mujeres y cuantos tenían uso de razón, sabían que, por medio de las palabras escritas en la Biblia, Dios se comunicaba con ellos. Por eso se ponen de pie –se saben en presencia del Dios vivo– cuando Esdras abre el libro y después se inclinan rostro en tierra para adorar a Dios.

Esdras y Nehemías –el gobernador de la ciudad– ven cómo la gente se emociona al escuchar de nuevo la palabra de Dios y por eso dicen a la asamblea: *«No estéis tristes ni lloréis» (y es que todo el*

---

[16] *Ibídem.*
[17] *Ne* 8, 5-7.

pueblo lloraba al escuchar las palabras de la ley). Nehemías les dijo: «Id, comed buenos manjares y bebed buen vino, e invitad a los que no tienen nada preparado, pues este día está consagrado al Señor. ¡No os pongáis tristes; el gozo del Señor es vuestra fuerza!»[18]. Aquí tenemos, esbozada, la estructura fundamental de la asamblea de Israel ante el Señor: primero, Dios se comunica con ellos por medio de la lectura y explicación de la Palabra de Dios y ellos responden con la fe –Amén, Amén– y la adoración; después viene el banquete con que festejan este reencuentro con Dios.

La Misa sigue ese mismo esquema: Jesús primero nos ofrece el alimento de su Palabra, que aviva nuestra fe y nos prepara para participar en la actualización del sacrificio de la Cruz y en el banquete donde nos alimenta con su Cuerpo.

Durante la Misa, la Palabra de Dios contenida en la Sagrada Escritura se hace actual, pues, «cuando se lee en la Iglesia la Sagrada Escritura, es Cristo quien habla»[19]. La Misa no solo actualiza el sacrificio de Cristo, sino también su Palabra. De ahí que la Iglesia ofrezca la misma veneración a las Sagradas Escrituras que al «mismo Cuerpo del Se-

---

[18] *Ne* 8, 9-11.

[19] Concilio Vaticano II, Constitución *Sacrosanctum Concilium,* sobre la Liturgia, n° 7.

ñor, no dejando de tomar de la mesa y de distribuir a los fieles el pan de vida, tanto de la Palabra de Dios como del Cuerpo de Cristo, sobre todo en la Sagrada Liturgia»[20], es decir, en la celebración del culto que la Iglesia tributa a Dios.

En cada acto litúrgico, la Palabra de Dios despliega toda su eficacia, pues «va acompañada por la íntima acción del Espíritu Santo, que la hace operante en el corazón de los fieles»[21]. Se cumple aquí la promesa de Jesús: *El Paráclito, el Espíritu Santo, que enviará el Padre en mi nombre, será quien os lo enseñe todo y os vaya recordando todo lo que os he dicho*[22].

La lengua hebrea tiene un solo término para designar «cosa» y «palabra»: *dabar*. Quizá esto se deba a que «en la historia de la salvación no hay separación entre lo que Dios *dice* y lo que *hace*»[23]. En efecto, Dios crea con su Palabra: dice «Hágase» y el mundo empieza a existir; Jesús dice *éffeta*, «ábrete», y el sordomudo comienza a oír y hablar[24]. Ahora sucede lo mismo: Jesús, por boca del sacerdote, dice: «Yo te absuelvo» y esa palabra suya, unida al gesto de trazar una cruz con la

---

[20] Concilio Vaticano II, Const. Apost. *Dei Verbum*, nº 21.
[21] Benedicto XVI, Exhortación apostólica *Verbum Domini*, nº 52.
[22] *Jn* 14, 26.
[23] Benedicto XVI, Exhortación apostólica *Verbum Domini*, nº 53.
[24] Cfr. *Mc* 7, 35.

mano, perdona los pecados del que se confiesa, siempre y cuando este acuda con las debidas disposiciones.

Esta impresionante eficacia de la Palabra de Dios contenida en las Escrituras aparece también en el encuentro de Jesús resucitado con los discípulos que marchan a Emaús. Después de escuchar los desahogos de su esperanza decepcionada, *comenzando por Moisés y siguiendo por todos los profetas, les explicó lo que se refería a él en todas las Escrituras*[25]. Mientras lo escuchan, los dos caminantes comienzan a entender de un modo nuevo las Escrituras: lo que ellos habían visto como un fracaso aparece ahora como el cumplimiento de las profecías más importantes. Pero los ojos de estos dos, que al principio *no eran capaces de reconocerlo*[26], se abren totalmente cuando, al llegar a la aldea y entrar en casa de uno de ellos, Jesús, *sentado a la mesa, tomó el pan, pronunció la bendición, lo partió y se lo iba dando*[27].

Igual que pasa en los sacramentos, las palabras de Jesús, unidas al gesto –partir el pan, en la Misa; la señal de la Cruz en la confesión, etc.–, nos permiten reconocerle por la fe, pues Él abre los ojos

---

[25] *Lc* 24, 27.
[26] *Lc* 24, 16.
[27] *Lc* 24, 30.

del alma y abrasa nuestro corazón con el amor que nos da, de manera que, al salir de la iglesia, podemos repetir las palabras de estos dos discípulos cuando el Señor les ha dejado: *¿No ardía nuestro corazón mientras nos hablaba por el camino y nos explicaba las Escrituras?*[28].

«Si bien es verdad que la liturgia es el lugar privilegiado para la proclamación, la escucha y la celebración de la Palabra de Dios, es cierto también que este encuentro ha de ser preparado en los corazones de los fieles»[29]. Nuestro encuentro con Jesús vivo y resucitado pasa necesariamente por la meditación de su Palabra, en la Sagrada Escritura. Toda ella, tanto el Antiguo como el Nuevo Testamento, es el fundamento de nuestra relación personal con Jesús.

San Jerónimo decía: «¿Cómo se podría vivir sin la ciencia de las Escrituras, mediante las cuales se aprende a conocer a Cristo mismo, que es la vida de los creyentes?»[30]. Este mismo santo aconsejaba así a una madre romana llamada Leta, preocupada por la educación de su hija: «Asegúrate de que estudie cada día algún paso de la Escritura... Que la oración siga a la lectura, y a la lectura la oración»[31].

---

[28] *Lc* 24, 32.
[29] Benedicto XVI, Exhortación apostólica *Verbum Domini*, n° 72.
[30] San Jerónimo, *Epistula* 30, 7.
[31] San Jerónimo, *Epistula* 107, 9.12.

Cuando un cristiano medita la Palabra de Dios y escucha a Jesús que le habla desde los Evangelios, el Espíritu Santo le abre la mente y el corazón para que entienda lo que Dios quiere hacerle ver. El ejercicio perseverante –diario, a ser posible– de la oración del corazón es la mejor manera de prepararnos para asistir a la Santa Misa y recibir los demás sacramentos. La familiaridad con la Palabra de Dios desarrolla en nosotros un espacio de intimidad donde la fe, la confianza y el amor a Dios se fortalecen. Notamos entonces que aumenta nuestra sintonía con Dios y comenzamos a vivir sabiéndole junto a nosotros, es más, dentro de nosotros, como prometió Jesús: *El que me ama guardará mi palabra, y mi Padre lo amará, y vendremos a él y haremos morada en él*[32].

La oración del corazón se extiende a lo largo del día con un diálogo interior donde las miradas y pensamientos sustituyen a las palabras. A las actuaciones de Dios en el alma responde el cristiano con pequeñas obras de amor a su Señor o, al menos, con el deseo y afán de realizarlas, aunque a veces no lo logre y solo pueda ofrecerle a Jesús la pena de no haber sabido agradarlo.

Benedicto XVI dijo: «Dios habla con cada uno a través de la Sagrada Escritura y tiene un mensaje

---

[32] *Jn* 14, 23.

para cada uno. Debemos leer la Sagrada Escritura no como palabra del pasado, sino como Palabra de Dios que se dirige a nosotros, y tratar de entender qué nos quiere decir el Señor»[33]. Es una pena que tantos cristianos, con verdaderos deseos de tener amistad con Jesús, se priven de la experiencia gozosa de recibir estos mensajes divinos de luz y fuego que fortalecen nuestra fe, aumentan nuestra confianza y encienden nuestro amor a Dios.

El Catecismo de la Iglesia Católica[34], cuando trata sobre la meditación u oración del corazón, aconseja servirnos de la Sagrada Escritura, de manera particular de los Evangelios. Para eso, podemos usar los textos litúrgicos de la Misa de ese día o escritos de santos o Padres espirituales que comentan la Palabra de Dios. Es claro que podemos hacer oración interior sirviéndonos de una imagen sagrada, del gran libro de la creación[35], o de lo que Dios quiera ponernos en el corazón, sin que nosotros hayamos hecho nada. Pero lo habitual, especialmente para personas que empiezan, será acudir a la Sagrada Escritura.

«La fe cristiana no es "la religión del Libro", de una palabra escrita y muda. El cristianismo es la

---

[33] Benedicto XVI, Audiencia general, 7-XI-2007.
[34] *CEC*, nº 2705.
[35] *Ibíd.*

religión de la "Palabra" de Dios, "del Verbo encarnado y vivo". Para que las Escrituras no queden en letra muerta, es preciso que Cristo, Palabra eterna del Dios vivo, por medio del Espíritu Santo, nos abra el espíritu»[36]. Así podremos descubrir el mensaje personal que Dios desea hacernos llegar a través de la Sagrada Escritura. «Que la oración brote de la escucha de Jesús, de la lectura del Evangelio. No olviden, cada día, leer un pasaje del Evangelio. Que la oración brote de la confianza con la Palabra de Dios»[37].

En la Biblia no solo encontramos la Palabra de Dios, con la que Jesús se comunica con nosotros, sino también la mejor forma de manifestar a Dios nuestra respuesta. Un sacerdote amigo, en una situación de incomprensión bastante dolorosa, experimentó un gran consuelo cuando el Señor puso en su mente estas palabras del Salmo 34 que había leído antes muchas veces: *Gustad y ved qué bueno es el Señor, dichoso el que se acoge a él*[38]. Como una cucharada de miel, esa frase expulsó enseguida de su alma el amargor de no sentirse entendido.

Los Salmos, oraciones inspiradas por Dios a judíos piadosos en circunstancias diversas –desde

---

[36] *CEC*, nº 108.
[37] Papa Francisco, Audiencia general, 26-VIII-2015.
[38] *Sal* 34 (33), 9.

el sufrimiento más atroz o la cercanía de la muerte hasta la vivencia del gozo más sublime–, nos ofrecen una amplia gama de expresiones para decir a Dios lo que sentimos. El mismo Jesús se sirvió de ellos para orar mientras nos entregaba su vida en la Cruz[39].

Dios habla bajito

El libro primero de los Reyes, en el Antiguo Testamento, cuenta la historia del profeta Elías. En aquella época, siglo noveno antes de Cristo, Israel estaba dividido en dos reinos: el del norte, al que pertenecían la mayoría de las tribus, y el del sur. En el norte reinaba el rey Ajab, casado con Jezabel, una princesa pagana de Sidón, en el Líbano, que introdujo entre los judíos el culto a su dios, Baal. El pueblo abandonó al Dios verdadero y se pasó a Baal en masa. Elías anunció al rey que vendría una prolongada sequía y, a continuación, huyó al desierto donde el Señor le alimentó. A los tres años, Elías volvió y convocó a todo el pueblo en el monte Carmelo. Propuso a los sacerdotes de Baal hacer un altar y poner sobre él un becerro. Elías haría lo mismo y el Dios que hiciese bajar fuego del cielo sobre

---

[39] Cfr. *Mt* 27, 46, con las primeras palabras del Salmo 22 (21).

la ofrenda sería reconocido como el verdadero Dios. Baal no respondió a los ruegos de sus sacerdotes. El Dios de Elías envió fuego sobre el altar.

Los sacerdotes de Baal quedaron en ridículo ante el pueblo pues las invocaciones a su dios no consiguieron que bajase fuego sobre la víctima de su altar y todos fueron degollados allí mismo. Informada Jezabel de este suceso, amenazó de muerte al profeta Elías, que huyó entonces rápidamente hacia el sur, a través de Samaria y el desierto de Judá, hasta el monte Horeb, el monte de Dios en el Sinaí, donde Moisés había recibido las tablas de la Ley.

Al llegar al monte, Elías entró en una cueva para pasar la noche y allí se le manifestó Dios de una manera sorprendente. *Entonces pasó el Señor y hubo un huracán tan violento que hendía las montañas y quebraba las rocas ante el Señor, aunque en el huracán no estaba el Señor. Después del huracán, un terremoto, pero en el terremoto no estaba el Señor. Después del terremoto, fuego, pero en el fuego tampoco estaba el Señor. Después del fuego, el susurro de una brisa suave. Al oírlo Elías, cubrió su rostro con el manto, salió y se mantuvo en pie a la entrada de la cueva. Le llegó una voz que le dijo: «¿Qué haces aquí, Elías?»*[40].

---

[40] *1 R* 19, 11-14.

«El susurro de una brisa suave». Este es el ambiente en que habla Dios, el silencio, tanto exterior como interior. Hoy, la sociedad supertecnificada en que vivimos, nos ofrece y a veces nos impone la droga del ruido, hasta hacernos ruido-dependientes. Mucha gente, quejosa del estrés que produce su trabajo, escoge para las vacaciones lugares atestados, con múltiples ofertas de espectáculos masivos. Parece como si huyeran del silencio exterior. Tienen miedo de quedarse solos. Quizá les aterra parar, mirar dentro de sí y encontrar un vacío.

Se necesita valentía para aprender este idioma del silencio, poco valorado socialmente. El que calla y se retira parece débil. En un mundo donde lo que cuenta son las apariencias, lo normal es vivir en la superficie, «surfear», pasar por encima de la realidad sin profundizar. La agitación exterior e interior no nos permite detenernos. Y, sin embargo, en los hondones de nuestra conciencia, de vez en cuando surge la nostalgia de la paz y del sosiego. Quizá esa sensación fue la que motivó la pintada que apareció en una estación de metro en Madrid: «Que paren el mundo, que me quiero bajar».

No podemos parar el mundo, pero sí retirarnos de él durante un rato cada día y aprender a guardar silencio dentro de nosotros para poder acoger la Palabra de Dios. La fe es la tierra donde establecemos contacto con Dios y el silencio es el camino en el que lo podemos encontrar y escuchar. Hace falta una constancia a prueba de desánimos para acallar las imágenes y el barullo que alberga nuestra alma, pero sin silencio interior no podemos saborear la música de Dios. De vez en cuando, algunas personas se animan a someterse a una «cura de desintoxicación» y se retiran unos días de su agitado ambiente habitual para entrar dentro de sí mismos y escuchar a Dios, en silencio total.

El primer día intentan salir de un pozo cuyas paredes resbaladizas no permiten apenas elevarse. El segundo ya ven la cuerda que Dios les lanza para subir. Después, a disfrutar. Allí están las verdes praderas donde uno puede descansar, las fuentes que sacian nuestra sed de amor, el Pastor que se encarga de prepararnos la mesa, ungirnos con perfume y llenar nuestra copa hasta rebosar. A esas personas les cambia la cara. Quizá no se dan cuenta, pero han comenzado a *habitar en la casa del Señor*[41].

Pero, después de unos días de silencio, hay que incorporarse a la vida habitual y el mundo sigue girando a toda velocidad. Toca levantarse tem-

---

[41] Cfr. *Sal* 23 (22).

prano, sufrir atascos, buscar aparcamiento, aguantar al jefe, trabajar a destajo, quizá en un ambiente tenso, acabar la tarea en horas extras y volver a casa. Allí nos espera el trabajo de cuidar la familia, escuchar a todos, aunque tengamos la cabeza como un bombo, e incluso padecer algún pequeño reproche porque se nos ha olvidado hacer un recado. «¿Cómo quiere que me pare? ¿Dónde está ahora el paraíso? Bastante hago con sobrevivir hasta el viernes por la tarde sin volverme loco», pensará alguno.

Por eso los cristianos tenemos necesidad de encontrar, como sea, un rato cada día para retirarnos del mundo y tratar a Dios. Es lo que hacía Jesús, como nos cuentan los evangelistas. *Se hablaba de él cada vez más, y acudía mucha gente a oírlo y a que los curara de sus enfermedades. Él, por su parte, solía retirarse a despoblado y se entregaba a la oración*[42], en coloquio con su Padre, sin ruido de palabras.

Cuando hablamos de la religión cristiana, lo primero que viene a la cabeza es su contenido, las verdades que confesamos en el Credo, a las que damos nuestro asentimiento. Si aceptamos esas verdades, es porque nos fiamos de quien nos las transmitió, Jesucristo. Ahora bien, todos nos fia-

---

[42] *Lc* 5, 15-16.

mos de las personas que conocemos y que sabemos que nos quieren.

Normalmente, el amor entre personas nace y se desarrolla con el trato, con la vida en común. Para fiarnos de Dios, necesitamos cultivar una relación personal con Jesús. Eso requiere dedicar un tiempo cada día para acoger y meditar su Palabra en una atmósfera de silencio y sosiego interior. «Solo en el silencio de la oración es posible escuchar la voz de Dios, encontrar los rasgos de su lenguaje y tener acceso a su verdad»[43].

A una cita de amor podemos ir corriendo, porque nos abrasa el deseo de encontrarnos con la persona amada, pero, una vez juntos, no cabe prisa ni agitación. Y, desde luego, el lugar es importante: a nadie se le ocurre escoger una cafetería llena de gente y con mucho trajín de camareros, cháchara y música, para declarar su amor a la mujer de su vida. El profeta Elías pudo escuchar y hablar con Dios en una gruta del Sinaí. En cada corazón humano hay una gruta en la que podemos citarnos con Dios. Ese tiempo, aunque solo sean quince minutos o media hora, es la mejor inversión.

Tú, en cambio, cuando ores, entra en tu cuarto, cierra la puerta y ora a tu Padre, que está en lo secreto[44].

---

[43] Papa Francisco, Alocución a los nuevos obispos, 14-IX-2017.
[44] *Mt* 6, 6.

Uno de los primeros pasos para hacer oración con el corazón es aprender a cerrar las ventanas de los sentidos que nos comunican con el exterior. Más difícil aún es sujetar los pensamientos, apartar los recuerdos, olvidar la planificación del día y detener a la «loca de la casa», la imaginación que, con sus imágenes e historias inventadas, intenta sacarnos de la cueva. El Catecismo de la Iglesia Católica llama a esta tarea «recoger el corazón»[45]. Se trata de:

—«habitar la morada del Señor que somos nosotros mismos»[46]. Habitarse en el sentido de entrar dentro de nosotros, no para dar vueltas a nuestras cosas, sino para:

—«despertar la fe para entrar en la presencia de Aquel que nos espera»[47]. Jesús nos espera porque siempre estamos bajo su mirada amorosa. Sin embargo, nosotros no nos damos cuenta de esta gozosa realidad, porque muchas veces interpretamos el papel que la gente o nosotros mismos nos hemos asignado. De ahí la necesidad de:

—«hacer que caigan nuestras máscaras y volver nuestro corazón hacia el Señor que nos ama»[48]. Ante el Señor hemos de presentarnos tal como

---

[45] *CEC*, nº 2711.
[46] *Ibídem.*
[47] *Ibídem.*
[48] *Ibídem.*

somos, sin el disfraz de nuestro papel en el teatro del mundo. No tendremos vergüenza de aparecer ante Él con todas nuestras deficiencias y manchas, si actualizamos despacio y con hondura la verdad que ilumina nuestra vida: que Dios me quiere como soy; que soy su hijo; que su amor no depende de mi conducta; que perdonarme le produce una alegría inmensa; que mis pobres luchas por agradarle le hacen sonreír. Por eso y porque delante de Él nos vemos pobres y necesitados de todo, tratamos de:

—«ponernos en sus manos como una ofrenda que hay que purificar y transformar»[49]. Dios nos conoce perfectamente, sabe que nuestra felicidad aquí en la tierra está en seguir los pasos de Jesús, que ofreció su vida para salvarnos; por eso nos ponemos en sus manos, para que limpie nuestro interior y nos convierta en ofrenda, es decir, en otro Jesús.

Esta preparación es imprescindible. Todo el que tiene afición por la buena música no llega al teatro cuando la orquesta está saliendo al escenario, sino con bastante antelación. La razón es que para captar la belleza de la música necesita concentrarse, aquietar su espíritu, silenciar su interior. Y así sucede con todo lo grande.

---

[49] *Ibídem.*

Habitualmente, cuanto más interés pongamos en esta preparación, más posibilidades tenemos de escuchar a Dios, cuando meditamos su Palabra, contenida en la Escritura. Incluso si tuviésemos que pasar todo el tiempo de oración en este trabajo de preparar nuestra alma y no lográsemos ponerla del todo a punto, este esfuerzo es oración porque nos mueve el amor y Dios saldrá a nuestro encuentro cuando menos lo esperemos.

Necesitamos recogernos interiormente porque la vida que llevamos fomenta la dispersión. Hoy es ya lugar común hablar de la dificultad para fijar la atención en algo de manera prolongada. En el caso de los adultos, porque atender a las llamadas telefónicas, contestar los mensajes, escuchar los avisos de las actividades que hemos programado, ver o escuchar las noticias, etc., son actividades que cortan muchas veces la tarea en la que estamos y eso merma nuestra capacidad de mantener la atención fija en una cosa. Los jóvenes crecen desde pequeños en un mundo que les facilita la dispersión permanente. Por eso, les resulta difícil atender durante más de diez minutos.

Recogerse quiere decir aunarse, controlar los pensamientos para que no vayan de un tema a otro, encauzar los sentimientos hacia lo que nos interesa, hacer que la voluntad tome el mando y someta las sensaciones y las impresiones para que no nos distraigan de la búsqueda y escucha de Dios. Toda una batalla contra la disipación, para que el centro de nuestra persona esté orientado hacia Jesús, en cuya intimidad queremos entrar por medio de la meditación de su Palabra.

El Catecismo utiliza la expresión «despertar la fe» cuando describe este esfuerzo por recogerse por dentro. Efectivamente, la tensión de nuestra actividad exterior, llena de preocupaciones, ansiedades, miedos y dificultades, produce un adormecimiento de nuestro mundo interior que poco a poco se convierte en un vacío. Por eso, hacernos presentes a nosotros mismos y poner orden en ese caos interno es como despertar. Con las luces de Dios, descubrimos el sentido de lo que nos ocurre. La oscuridad de la rutina diaria se ilumina con la luz de la fe y se templa con el fuego del amor que Dios nos tiene.

Entrar dentro de nosotros mismos, habitarnos y hacer silencio interior para poder escuchar a Dios que nos habla en la meditación de su Palabra, es una tarea ardua. Las cosas y las personas están ante nosotros, los sentidos las captan y recibimos su impacto inmediatamente; por eso es tan fácil relacionarnos con ellas. Dios está presente de una forma más real que las cosas y las personas que nos rodean, pero nos resulta difícil percibirlo porque solo lo ve el ojo de la fe, estimulado por un corazón encendido.

Nuestra fe está frecuentemente oscurecida precisamente por falta de contacto con Dios, y, en consecuencia, nuestro corazón se adormece. Por este motivo, muchos cristianos que comienzan a hacer oración del corazón, movidos al principio por el atractivo de la novedad, la abandonan al poco tiempo al comprobar lo costoso que resulta perseverar en la lucha por recogerse interiormente.

Desprenderse de una preocupación que nos obsesiona, dejar de lado un deseo que nos acosa, recuperar el sosiego interior que hemos perdido por un ataque de nervios ante el comportamiento de un hijo o una hija adolescente, no es fácil. Por eso necesitamos pedir ayuda a nuestro ángel de la guarda y recurrir también a san José, maestro del trato con Jesús, porque recibió de Dios la misión de alimentar, cuidar y enseñar a su Hijo y lo hizo con amor. «Quien no hallare maestro que le enseñe a orar —decía santa Teresa de Jesús— tome a este glorioso santo por maestro y no errará el camino»[50].

Al intentar recogernos interiormente, nos acercamos al espacio en el cual Dios está presente ante nosotros. Cualquier esfuerzo de nuestra parte atrae a Dios. La perseverancia, ese volver

---

[50] Santa Teresa de Jesús, *Vida*, 6, 8.

una y otra vez a intentarlo, es la mejor prueba de la fuerza de nuestro interés por buscar una relación personal con Jesús.

¿Cómo sé que mi oración es auténtica?

¿Cómo sé que la meditación de la Palabra de Dios no es un puro ejercicio de imaginación? ¿Cómo puedo comprobar que lo que sale de mi corazón llega de verdad a Dios? Jesús nos responde: *Por sus frutos los conoceréis*[51]. Y los frutos, después de una temporada de oración mental cada día, suelen ser estos:

- me doy cuenta de que falto a la caridad con pensamientos y palabras con más frecuencia de lo que creía;
- me duelen más que antes las faltas y pecados con los que ofendo al Señor;
- empiezo a descubrir algunas chapuzas en el trabajo profesional;
- detecto que lo que antes consideraba defensa de mis derechos en casa es soberbia y comodidad;
- veo que mis enfados no tienen justificación, sino que son manifestaciones de ira;

---

[51] *Mt* 7, 16.

- descubro con sorpresa que me acompaña habitualmente una serena alegría que antes no conocía;
- me viene con frecuencia al pensamiento lo mucho que me quiere mi Padre Dios;
- compruebo que ahora tengo más paciencia para aguantar los defectos de los que me rodean, porque veo con nitidez los míos;
- ya no me preocupa tanto destacar e incluso me alegro cuando paso inadvertido;
- mis éxitos ya no me llevan a pensar que soy un genio, porque veo cuánto me ayuda Dios; y mis fracasos ya no me deprimen como antes, porque sé que Dios valora más mi buena voluntad, que los resultados;
- mantengo la palabra dada, aunque me afecte al bolsillo;
- me doy cuenta de que debo cuidar más mi corazón para que no beba en charcas malsanas; y mi lengua para que no pronuncie palabras groseras que enturbian el ambiente;
- ya no me resultan indiferentes los demás. Me duele que muchos no conozcan a Jesús y me planteo qué puedo hacer para acercarlos a Él.

El fruto de la oración del corazón es una vida en la que Jesús es recibido y alojado. Cuando meditamos la Palabra de Dios, nos miramos en el espejo que es Jesús vivo. Por eso notamos el contraste entre su vida y la nuestra y, al mismo tiempo, la atracción hacia su Persona. Considerar una y otra vez, cada día, la vida de Jesús nos ayuda a confiar en sus promesas. Poco a poco, adquirimos la seguridad de que, con su gracia, podemos seguir sus pasos, recibir su luz y convertirnos también nosotros en luminarias que señalan a Jesús como fuente y origen de salvación.

El Salmo 1 alaba al hombre *que no sigue el consejo de los impíos, ni entra por la senda de los pecadores, ni se sienta en la reunión de los cínicos; sino que su gozo es la ley del Señor, y medita su ley día y noche*[52]. La ley del cristiano es Jesús. La meditación de la vida de Jesús, hecha con sinceridad, influye en la vida. La ley del Señor, que es la caridad, no se ve entonces como un peso, sino como una fuente de gozo. *Será como un árbol plantado al borde de la acequia: da fruto en su sazón y no se marchitan sus hojas; y cuanto emprende tiene buen fin*[53].

El orante autor del salmo es un hombre de oriente, donde el sol quema y seca todo. Para él, un árbol es un tesoro y mucho más si está plantado al lado de un canal de agua. Para los judíos,

---

[52] *Sal* 1, 1-3.
[53] *Sal* 1, 3-5.

que habitan una tierra árida, el agua es símbolo de vida, pues donde hay agua crecen las plantas y, sin ella, todo muere.

El Señor, por medio de Moisés, hizo manar agua de una roca para que los judíos no murieran de sed en el desierto. Jesús, el nuevo Moisés, es la Roca donde los cristianos bebemos el agua milagrosa de la que dijo Jesús: *El que beba del agua que yo le daré nunca más tendrá sed: el agua que yo le daré se convertirá dentro de él en un surtidor de agua que salta hasta la vida eterna*[54]. Los frutos del árbol plantado junto a esa agua son las obras de misericordia y de bondad, que salen de un corazón iluminado por la meditación frecuente de la vida de Jesús.

El último día de la fiesta de las Tiendas, en la que los judíos agradecían la protección de Dios mientras caminaban por el desierto rumbo a la tierra prometida, *Jesús en pie gritó: «El que tenga sed, que venga a mí y beba el que cree en mí; como dice la Escritura: de sus entrañas manarán ríos de agua viva»*[55]. Del costado abierto de Jesús en la Cruz salió sangre y agua. De esa agua –los pensamientos y sentimientos del alma de Jesús, su constante mirar al Padre, su vivir para nosotros, sin

---

[54] *Jn* 4, 13-15.
[55] *Jn* 7, 37-39.

tener vida propia– bebemos los cristianos cada día en la oración del corazón; y de su sangre nos alimentamos en la Eucaristía. Así entramos en contacto con Jesucristo y dejamos que su vida penetre en nuestra alma.

Nuestra conducta, y no nuestras palabras, revela nuestro interior, como señaló Jesús refiriéndose a los que hablan, pero no hacen el bien: *Cuando el amo de la casa se levante y cierre la puerta, os quedaréis fuera y llamaréis a la puerta diciendo: «Señor, ábrenos»; pero él os dirá: «No sé quiénes sois». Entonces comenzaréis a decir: «Hemos comido y bebido contigo, y tú has enseñado en nuestras plazas». Pero él os dirá: «No sé de dónde sois. Alejaos de mí todos los que obráis la iniquidad»*[56].

Una persona que hace oración mental, pero esta no deja huella en su vida, *se parece a aquel hombre necio que edificó su casa sobre arena. Cayó la lluvia, se desbordaron los ríos, soplaron los vientos y rompieron contra la casa, y se derrumbó. Y su ruina fue grande*[57]. La oración mental no nos hace impecables. Seguimos y seguiremos siempre con la fragilidad propia de nuestra condición humana y, cuando menos lo esperemos, daremos, no uno, sino muchos pasos en dirección equivocada. Pero,

---

[56] *Lc* 13, 25-28.
[57] *Mt* 7, 26-28.

si cada día nos asomamos a ese abismo de bondad y amor sacrificado que es la vida de Jesús, nuestra reacción ante los pecados no será echarlo todo a rodar, sino volver como el hijo pródigo a pedir perdón a nuestro Padre y experimentar de nuevo la alegría de la misericordia de Dios.

La oración mental no nos hace impecables, pero cambia la reacción ante nuestras miserias. Antes sentíamos vergüenza; ahora, un dolor de amor sereno, que no nos quita la paz, porque estamos seguros de que Jesús sacará, incluso de nuestras miserias, algún bien para nosotros. El poder de Dios convierte el estiércol en fuente de vida.

Sigamos el consejo del apóstol Santiago: *Poned en práctica la palabra y no os contentéis con oírla, engañándoos a vosotros mismos. Porque quien oye la palabra y no la pone en práctica, ese se parece al hombre que se miraba la cara en un espejo y, apenas se miraba, daba media vuelta y se olvidaba de cómo era*[58]. Si compartimos nuestra vida con Jesús, si nos acordamos de sus luces e inspiraciones durante el día, cuando estamos afanados en las mil incidencias del trabajo profesional o en casa, no nos olvidaremos de que somos barro, polvo, pero «polvo enamorado»[59].

---

[58] *St* 1, 22-25.

[59] Francisco de Quevedo, poema: *Amor constante más allá de la muerte.*

Jesús es el Dios que tomó nuestra carne y sintió nuestras debilidades. Vivió todo lo humano, menos el pecado. ¿Cómo no nos va a comprender? Delante de Él, que es Dios, nosotros somos como niños de un año que, a veces, quieren acariciar y solo consiguen arañar; se ponen a gatear para subir unas escaleras y vuelven una y otra vez a deslizarse hasta el primer peldaño. Pero, si no consiguen subir, saben que su padre, siempre cercano, los va a coger en sus brazos y los colocará arriba en un santiamén.

San Lucas cuenta que cierto día avisaron a Jesús, en medio de un gentío, que su madre y algunos parientes querían verlo, pero no lograban llegar hasta él. Jesús les respondió: «*Mi madre y mis hermanos son estos: los que escuchan la palabra de Dios y la cumplen*»[60]. Al escuchar y poner en práctica la Palabra de Dios le damos a Jesús nuestra carne, como hizo María, dejamos que Jesús crezca en nuestra alma y se manifieste al mundo a través de nuestra conducta: nos convertimos en madres y hermanos de Jesús, en sus íntimos.

Al meditar la Palabra de Dios y hacerla vida, le damos visibilidad a Jesús en el mundo. Por eso María es la mejor Maestra para enseñarnos a meditar la vida de su hijo Jesús. Nadie como ella nos

---

puede mostrar las maravillas que la Palabra de Dios puede obrar en nosotros.

En otra ocasión, cuando Jesús hablaba a una multitud, una mujer levantó la voz: «*Bienaventurado el vientre que te llevó y los pechos que te criaron*». *Pero él dijo: «Mejor, bienaventurados los que escuchan la palabra de Dios y la cumplen*»[61]. Con esa contestación, Jesús no relega a su Madre, sino que la alaba, pues nadie como Ella escuchó la palabra de Dios y dedicó su vida a ponerla en práctica.

El fruto principal de la oración mental es captar el amor que Dios nos tiene. San Juan define a los cristianos así: *Nosotros hemos conocido el amor que Dios nos tiene y hemos creído en él*[62]. Los cristianos no somos los que creemos en un Dios único, sino los que creemos que Dios es Amor. Esta fe crece en nosotros por la meditación y contemplación de la vida de Jesús. Pero, además de creer, conocemos esta realidad, porque tenemos experiencia de ese amor tierno e inmenso que tiene Dios a cada uno. Cada día, en la oración mental, descubrimos que Jesús «me amó y se entregó por mí». San Pablo lo expresa así: *Vivo, pero no soy yo el que vive, es Cristo quien vive en mí. Y mi vida de ahora*

---

[61] *Lc* 11, 27-28.
[62] *1 Jn* 4, 16.

en la carne la vivo en la fe del Hijo de Dios, que me amó y se entregó por mí[63].

Nos damos cuenta de cómo nos quiere Dios porque el Espíritu Santo nos empuja a llamar a Dios como lo llamaba Jesús: «Papá». En hebreo «papá» se dice «Abba», la primera palabra que aún hoy pronuncian los niños judíos cuando rompen a hablar. San Pablo escribió a los primeros cristianos que vivían en Roma: *Habéis recibido un Espíritu de hijos de adopción, en el que clamamos: «¡Abba, Padre!». Ese mismo Espíritu da testimonio a nuestro espíritu de que somos hijos de Dios*[64].

La lucha por hacer vida propia las luces que recibimos en la oración del corazón es la prueba de que nuestra oración es auténtica, no hipócrita. La lucha en lo pequeño –lo único que tenemos a mano habitualmente– es el mejor modo de responder y agradecer el amor que Dios nos muestra. Jesús se conforma con nuestros intentos, aunque muchas veces no consigamos resultados.

Antes de que se popularizasen las calculadoras portátiles, para saber si una operación elemental era correcta, se aplicaba la prueba del nueve. En el caso de la oración del corazón, la prueba del nueve son las contrariedades de la vida. Cuando

---

[63] *Ga* 2, 20.
[64] *Rm* 8, 15-17.

estalla una guerra, las dificultades en que se ven envueltas las personas desvelan lo mejor o lo peor de ellas. Del mismo modo, cuando llega la adversidad y la vida se pone cuesta arriba, los que practican la oración del corazón y se dejan guiar por las inspiraciones del Espíritu Santo muestran los frutos de la acción de Dios en sus almas: la caridad, el gozo, la paz, la paciencia, la grandeza de ánimo, la bondad, la amabilidad, la mansedumbre, etc.

La prueba de fuego

Entre los autores clásicos que escriben sobre la oración, es corriente comparar el alma con un huerto que Dios quiere cultivar, contando con nuestra libertad. Es claro que la parte importante de esa tarea la realiza Dios. Sin embargo, esa siembra divina se pierde, si no encuentra en nosotros una actitud de colaboración, que se manifiesta en: dedicar un tiempo a la oración interior, buscar el lugar adecuado y el silencio interior, servirnos de algún libro que nos ayude a «entrar» en la vida de Jesús, hacer el esfuerzo de meditar, etc.

Para ilustrar esa colaboración nuestra, esos escritores suelen compararla al trabajo de construir una cisterna e ir llenándola de agua –símbolo de la verdadera Vida, nuestro Señor Jesucristo–, que hay que traer desde algún riachuelo cercano, a fuerza de brazos. Así ven ellos el costoso trabajo de dedicar a Dios cada día un rato de oración interior. Y verdaderamente cuesta.

Por eso, el primer objetivo es vencer la tentación del desánimo. A veces, nos da la impresión de que, a pesar de nuestros esfuerzos, el agua de la cisterna apenas alcanza un palmo de altura. Y eso descorazona a cualquiera. Sin embargo, aunque nosotros no lo veamos, Dios, escondido en el centro del alma, contempla complacido nuestras idas y venidas, la lucha diaria por encontrarnos con Él, por escucharlo. Y no solo nos ve, sino que nos ayuda, aunque no lo notemos.

También puede suceder que, después de la alegría que pone Dios en nuestro corazón al empezar, tengamos que padecer una prolongada ausencia de sentimientos agradables. Es frecuente entonces que nos cuestionemos la necesidad de la oración mental, porque nos parece que no avanzamos. Dios no nos sorprende, como al principio, con luces nuevas. Y surge el pensamiento de que quizá nosotros no valemos para practicar ese tipo de oración. Esta es una prueba dura y son muchos los cristianos que no la superan y abandonan la oración por lo que creen ellos que es una falta de resultados.

En los Hechos de los Apóstoles, el quinto libro del Nuevo Testamento, donde se narra el primer desarrollo de la Iglesia, se describe la vida de los primeros cristianos en Jerusalén, inmediatamente después de la ascensión del Señor, de la siguiente manera: *Todos ellos perseveraban unánimes en la oración*[65]. No dice que hacían oración, sino que perseveraban en ella, que la hacían cada día.

También ellos estaban pasando una prueba. Hasta hacía poco disfrutaban de la presencia física de Jesús, podían dirigirse personalmente a Él, contarle sus problemas o sus dudas y escuchar la Palabra de Dios que salía de la boca del Dios-Hombre, Jesús. Y no eran solo sus palabras. Estaban siempre al alcance de aquella mirada que los llenaba de seguridad y de fortaleza. Y, aunque veían crecer la amenaza de un drama, por la actitud agresiva y desafiante de la mayor parte de las autoridades religiosas de Israel, todo eso se eclipsaba ante uno cualquiera de los milagros de Jesús, con los que manifestaba su divinidad. ¡Se estaba tan bien a su lado!

Ahora solo tienen el recuerdo. Jesús se ha ido al Padre. Les queda su promesa, las últimas palabras del evangelio de san Mateo: *Y sabed que yo estoy con vosotros todos los días, hasta el fin de los tiem-*

---

[65] *Hch* 1, 14.

pos[66]. Pero a Él ya no le pueden ver ni tocar ni escuchar. ¿Qué hacen, entonces? Perseverar en la oración, unánimes, unidos como si tuviesen una sola alma. Así se preparan para recibir el fuego de lo Alto, el Espíritu Santo, que los enviará hasta los confines de la tierra para anunciar y dar la salvación obrada por Jesucristo. Perseveraban. Aquí está la clave.

Las mejores sorpresas las tiene preparadas Jesús para los que perseveran fieles en el trabajo de cultivar el huerto de nuestra alma, regándolo cada día con el agua de la oración del corazón. Es verdad que, al principio, hay que poner mucho de nuestra parte, aunque nunca nos falta la ayuda del Señor, en la tarea de llenar de agua la cisterna.

Pero, si Jesús ve que no cejamos e insistimos día a día en buscar la relación con Él por medio de la meditación de su Palabra, premia nuestra perseverancia convirtiendo la cisterna en un pozo. Entonces ya no tenemos que ir lejos a buscar agua, sino que podemos sacarla del pozo con un caldero grande y siempre disponemos de agua para beber. Ahora notamos que nos resulta más fácil mantener el silencio dentro de nosotros y que, al leer, afluyen a nuestra mente luces casi sin

---

[66] *Mt* 28, 20.

que hagamos esfuerzo por meditar. Al mismo tiempo, nuestro corazón se llena de afectos y deseos que se mantienen vivos a lo largo del día.

Más adelante, pueden venir temporadas de sequía en las que tengamos que empezar a sujetarnos de nuevo al método con el que comenzamos y la meditación sea como subir una cuesta empinada que nunca se acaba. Pero, si el Señor ve que perseveramos y seguimos cada día buscándolo, aunque nos parezca que apenas obtenemos resultados, Él hará que el agua vuelva a brotar del pozo, que se acerque cada vez más al brocal e incluso que llegue a desbordarlo y riegue ella sola el huerto. En esa temporada, no necesitaremos echar el balde dentro, llenarlo y tirar de la polea hasta sacarlo lleno de agua. Ahora notamos a Jesús cerca de nosotros de continuo, nuestro corazón ya no sabe cómo agradecer el amor que nos muestra en mil detalles; lo vemos detrás de todo lo que nos pasa y a nuestro alrededor.

Este camino no es lineal, ni el mismo para todos. Cada persona es distinta de las demás y, por tanto, tiene su propio sendero. Lo único común es la importancia de perseverar, aunque a veces nos parezca que estamos haciendo una comedia porque no sentimos nada. Nuestra relación con Dios no es cuestión de sentir, sino de amar. Perseverar es una de las mejores formas de manifestar el amor.

Jesús, que conoce nuestra tendencia a abandonar lo que emprendemos cuando empiezan las dificultades, nos ha dejado dos pequeñas parábolas para enseñarnos la importancia de perseverar. En ellas, el Señor se refiere a la oración de petición, pero todo lo que dice es aplicable a la oración mental.

Dice la primera: *Suponed que alguno de vosotros tiene un amigo, y viene durante la medianoche y le dice: «Amigo, préstame tres panes, pues uno de mis amigos ha venido de viaje y no tengo nada que ofrecerle»; y, desde dentro, aquel le responde: «No me molestes; la puerta ya está cerrada; mis niños y yo estamos acostados; no puedo levantarme para dártelos»; os digo que, si no se levanta y se los da por ser amigo suyo, al menos por su importunidad se levantará y le dará cuanto necesite*[67].

Se entiende la contestación del que está acostado pues, en aquel tiempo, las casas normales eran pequeñas y al llegar la noche la familia extendía en la entrada unas esterillas y allí dormían los que no tenían habitación propia. Perseverar es insistir. Si nos fijamos, Jesús realiza milagros cuando encuentra una fe que se manifiesta en insistencia. Esas personas no paran hasta conseguir de Jesús lo que necesitan. Insistir, perseverar,

_____

[67] *Lc* 11, 5-9.

aguantar la ausencia de sentimientos favorables, seguir y seguir hasta que veamos que una fuerza misteriosa convierte la cisterna en pozo y hace subir el agua hasta el brocal; ese es el camino.

En la segunda parábola, Jesús nos transmite el mismo mensaje. *Había un juez en una ciudad que ni temía a Dios ni le importaban los hombres. En aquella ciudad había una viuda que solía ir a decirle: «Hazme justicia frente a mi adversario». Por algún tiempo se estuvo negando, pero después se dijo a sí mismo: «Aunque ni temo a Dios ni me importan los hombres, como esta viuda me está molestando, le voy a hacer justicia, no sea que siga viniendo a cada momento a importunarme»*[68].

Jesús se muestra insistente a la hora de pedirnos perseverancia en la oración. ¿No será porque esta cualidad es la prueba de fuego de nuestra relación con Dios? Cuando perseveramos en la oración del corazón, ejercitamos la fe, la confianza, el amor a Dios y la humildad de quien sabe que, sin Jesús, no puede nada.

Una de las mayores expertas en oración, santa Teresa de Jesús, Doctora de la Iglesia, se expresa así, con su gracejo castellano: «Sabe el traidor que alma que tenga con perseverancia oración la tiene perdida y que todas las caídas que la hace dar la ayudan, por la bondad de Dios, a dar después

---

[68] *Lc* 18, 1-9.

mayor salto en lo que es su servicio: ¡algo le va en ello!»[69]. Estas palabras son fruto de su experiencia personal: ella cuenta que el demonio la engañó con el pensamiento de que, si hacía oración interior, se iba a creer mejor que las demás y, por este motivo, la abandonó durante un año. Al cabo de ese tiempo vio cuánto se había alejado de Dios y la retomó para no dejarla nunca más.

«La perseverancia expresa una confianza que no se rinde ni se apaga. Como Jesús en Getsemaní, tenemos que orar confiándolo todo al corazón del Padre, sin pretender que Dios se amolde a nuestras exigencias, a nuestros modos o a nuestros tiempos»[70].

[69] Santa Teresa de Jesús, *Vida*, cap. 19.
[70] Papa Francisco, Audiencia general, 25-V-2016.

Capítulo III
QUÉDATE CON NOSOTROS

*Llegaron cerca de la aldea adonde iban
y él simuló que iba a seguir caminando;
pero ellos lo apremiaron, diciendo:
«Quédate con nosotros, porque atardece y el día
va de caída». Y entró para quedarse con ellos.
Sentado a la mesa con ellos, tomó el pan, pronunció
la bendición, lo partió y se lo iba dando. A ellos
se les abrieron los ojos y lo reconocieron.
Pero él desapareció de su vista[1].*

El plan de Dios
para salvar a los hombres

El objetivo de este libro es ayudar a buscar la relación personal con Jesús. Los dos primeros capítulos han tratado sobre la meditación y contemplación de la Palabra de Dios. Nos queda por explorar el segundo camino: la Eucaristía. Así procedió Jesús con los dos discípulos de Emaús: primero les explicó las Escrituras para encender su

---

[1] *Lc* 24, 28-32.

fe. Después *tomó el pan, pronunció la bendición, lo partió y se lo iba dando*[2]: la Misa.

Conocí a un sacerdote que, cuando se encontraba con algún cristiano joven que alardeaba de conocer bien su religión, lo ponía a prueba preguntándole qué es la Misa. En cincuenta años, no había encontrado a nadie que hubiese respondido con un mínimo de precisión. Prácticamente todos explicaban la Misa como una reunión donde los cristianos rezan y cantan a Dios y así se sienten hermanos unos de otros. A continuación solían comentar que a ellos les gustaban las Misas donde los jóvenes tocaban la guitarra y cantaban canciones que te hacían sentir bien.

Este libro no pretende explicar la Misa, sino ofrecer algunas pistas para vivirla. Sin embargo, es necesario ahondar, al menos un poco, en el misterio principal de nuestra fe, para poder participar de manera activa en la Eucaristía y abrirnos así al don de Dios. «La Eucaristía es el sacrificio mismo del Cuerpo y de la Sangre del Señor Jesús, que Él instituyó para perpetuar en los siglos, hasta su segunda venida, el sacrificio de la Cruz, confiando así a la Iglesia el memorial de su Muerte y Resurrección. Es signo de unidad, vínculo de caridad y banquete pascual, en el que se recibe a Cristo, el

---

[2] *Ibídem.*

alma se llena de gracia y se nos da una prenda de la vida eterna»[3]. Al leer esta definición de la Eucaristía, nos encontramos con palabras importantes –sacrificio, perpetuar, memorial, signo, pascual– que necesitan explicación.

Las palabras, en efecto, son como cajas donde podemos meter realidades muy distintas. Para descifrar el sentido de las palabras, hay que abrir esas cajas. Cuando se trata de la Eucaristía, las palabras son cajas muy grandes porque expresan una realidad preparada por Dios en la Antigua Alianza, prometida por Jesús con un largo discurso en la sinagoga de Cafarnaún[4], e instituida por el mismo Cristo en la Última Cena. Abrir las cajas de las palabras con las que la Iglesia nos transmite las enseñanzas de Jesús sobre la Misa requiere adentrarnos, al menos un poco, en el plan de Dios para salvar a los hombres. Aunque suponga un poco de esfuerzo, conviene detenerse en esa historia, pues sin ella no se pueden abrir las cajas de las grandes palabras y corremos el riesgo de vivir sin la alegría de recibir la fuerza del amor de Dios.

A comienzos del siglo pasado, una familia del sur de Italia, en vista de la pobreza extrema en

---

[3] *Compendio del Catecismo de la Iglesia Católica*, nº 271.
[4] Cfr. *Jn* 6.

que vivían, decidió emigrar a Estados Unidos. Era una familia joven, con un hijo de ocho años. Prepararon un ligero equipaje que incluía pan, queso y vino para dos semanas largas de viaje en barco. Después de los primeros días en el barco, el hijo empezó a llorar desconsoladamente porque los alimentos que guardaban se estaban deteriorando y él se sentía incapaz de comerlos. Al verlo llorar, su padre rebuscó en la maleta, sacó unas monedas –lo único que les quedaba– y se las dio a su hijo para que fuese a comprar algo al restaurante. El chico volvió al cabo de un rato llorando más que cuando se había marchado. Sus padres, desconcertados, le preguntaron:

—¿Por qué lloras? ¿No has podido comprar nada con ese dinero?

El chaval, casi sin poder hablar por el llanto, contestó:

—Lloro porque al ir a comprar comida me he enterado de que, en el billete que hemos comprado, iba incluida una comida al día para cada uno, y nosotros, por no saberlo, nos hemos pasado una semana comiendo pan duro y queso podrido.

Los cristianos estamos también embarcados en un viaje hacia la Tierra Prometida. Muchos no conocen la grandeza del don de Dios por excelencia, la Eucaristía. Jesús la instituyó para dejarnos una prenda de su infinito amor, para no dejarnos solos y, sobre todo, para que pudiésemos participar en su Pascua. La Pascua es su paso de este mundo al Padre, por la muerte en la Cruz y la Resurrección. Vale la pena echar una mirada a la historia de nuestra salvación.

La fe cristiana tiene su centro en un Dios que, por amor, crea al ser humano y, después de la caída de nuestros primeros padres, lo salva enviando a su Hijo al mundo para morir por nosotros. El contenido de nuestra fe es la actividad de un Dios «de salida», porque es Amor. Y esas «salidas» de Dios son intervenciones suyas con las que entra en nuestra historia, para llevar a cabo su proyecto de salvación. El hombre, por sí mismo, no podía cambiar su situación de esclavitud bajo el dominio del demonio, una vez que se separó voluntariamente del Creador, por la rebelión en el paraíso.

Jesucristo no es un mito ni un invento, sino una persona real, cuya vida terrena está científicamente demostrada con mucha más garantía que cualquier personaje famoso de su tiempo. Sabemos que Jesús nació en el territorio del actual estado de Israel, hace veinte siglos, cuando en Roma reinaba el César Augusto y, en su nombre[5], Ci-

---

[5] Cfr. *Lc* 2, 1-3.

rino gobernaba Siria, la provincia romana a la que pertenecía Palestina. En esa época, Herodes el Grande ostentaba el título de Rey de Israel[6].

Jesús vino a la tierra para llevar a cabo la fase principal del plan divino[7], que Dios anunció antes de castigar a Adán y a Eva por su pecado, cuando dijo al demonio seductor que un descendiente de la mujer le *aplastará la cabeza*[8]. Este plan, *escondido desde siglos y generaciones*[9], tiene tres etapas:

1. La primera va desde Abrahán hasta Jesucristo. En este período, a partir de los doce hijos de Jacob, Dios modela a su pueblo Israel con sus intervenciones: elección de Abrahán, alianzas con él y los demás patriarcas, etc. De entre esas acciones divinas en la historia de Israel, hay dos de especial importancia:

   a) La liberación de la esclavitud de Egipto, mediante el primer «paso del Señor» o «Pascua», que Dios mandó revivir cada año, cuando instituyó la fiesta de la Pascua.

   b) La alianza del Sinaí, pacto solemne en el que Dios se compromete a proteger a su

---

[6] Cfr. *Mt* 2, 1.
[7] *Ef* 1, 9.
[8] *Gn* 3, 15.
[9] *Col* 1, 26.

pueblo, y le ofrece como regalo las reglas para un buen vivir, en las dos tablas de la Ley. Israel, por su parte, se obliga a reconocer y venerar al único Dios.

En este período, el pueblo elegido –pueblo de la promesa– vive su accidentada historia[10], a la espera de la venida del Mesías, pues Dios ha prometido que «el que ha de venir» saldrá de la familia del rey David[11].

2. La segunda etapa es la vida de Jesucristo, descendiente de David, que anuncia la llegada de la salvación prometida –el Reino de Dios– y la realiza con la entrega de su vida en la Cruz y su gloriosa Resurrección. Llamamos a este evento «la Pascua del Señor», porque con el «paso» de este mundo al Padre, por medio de su muerte y resurrección, Jesucristo nos liberó de la esclavitud del pecado, del que proceden todos los males.

3. La tercera etapa, en la que nos encontramos ahora, va desde la Ascensión del Señor hasta la segunda venida de Cristo al final de los tiempos. En esta etapa, llamada «el tiempo

[10] *Vid.* José Benito Cabaniña, *Jesús explicado hoy*, ed. Rialp, pp. 31-86.
[11] *2 S* 7, 11-17.

de la Iglesia», inaugurada por el don del Espíritu Santo en Pentecostés, «Cristo manifiesta, hace presente y comunica su obra de salvación, mediante la Liturgia de la Iglesia»[12]. «La Liturgia es "acción" del "Cristo total"»[13], es decir, de «toda la *comunidad,* el Cuerpo de Cristo –cuyos miembros somos todos los bautizados–, unido a su Cabeza»[14].

El Catecismo de la Iglesia Católica ha escogido como hilo conductor de su exposición sobre la Misa la palabra «misterio». Para san Pablo, «misterio» no significa algo oculto o difícil de entender, sino el plan de salvación diseñado desde siempre por Dios, desplegado a lo largo de la historia de Israel y cuya manifestación culminante es la persona y las acciones salvadoras de Jesucristo. Ese plan ha permanecido oculto durante siglos a muchas generaciones, pero ahora, en los tiempos de san Pablo, ha llegado el momento de anunciarlo a los gentiles[15].

Esos acontecimientos históricos –encarnación, crucifixión, muerte, resurrección y ascensión– protagonizados por un hombre, Jesucristo, que es al mismo tiempo Dios, reciben en la Iglesia el

---

[12] *CEC*, nº 1076.
[13] *CEC*, nº 1136.
[14] Cfr. *CEC*, nº 1140.
[15] Cfr. *Ef* 1, 9; *Col* 1, 26-29.

nombre de «misterios» y, en concreto, al principal de ellos –la muerte y resurrección de Jesús– se le llama «misterio pascual».

Los «misterios» de la vida de Cristo tienen tres características:

1ª. Son acontecimientos reales, realizados por Jesús, Dios hecho Hombre, en un lugar y en un tiempo histórico concreto.

2ª. Esas acciones fueron anunciadas anteriormente por los profetas del Antiguo Testamento, y alguna de ellas –en concreto, el «misterio pascual»– fue preparada por una intervención especial de Dios en la historia de Israel: la liberación de la esclavitud de Egipto.

3ª. Esos acontecimientos de la vida de Jesús no se quedan en el pasado, como los sucesos de la vida de los demás hombres. La muerte y la resurrección de Jesús es «el único acontecimiento de la historia que no pasa»[16], pues, al ser Jesucristo no solo hombre sino Dios, en una sola Persona, esa acción salvadora «participa de la eternidad divina y domina así todos los tiempos y en ellos se mantiene permanentemente presente»[17].

---

[16] *CEC*, nº 1085.
[17] *Ibídem*.

Los cristianos no solo creemos en esos acontecimientos de la vida de Jesús, sino que participamos en ellos, pues la Iglesia, siguiendo el mandato recibido de Cristo en la Última Cena[18], al celebrar en la Misa el misterio pascual, actualiza la muerte y la resurrección de Jesús. Celebrar quiere decir aquí que el acontecimiento central de la vida de Jesús –la entrega de su vida en la Cruz y su resurrección– se hace realmente presente, se manifiesta a los que asisten a Misa y se les comunica «a fin de que los fieles vivan de él y den testimonio del mismo en el mundo»[19].

Descifrar la palabra «sacramento»

«El hombre, siendo un ser a la vez corporal y espiritual, expresa y percibe las realidades espirituales a través de signos y de símbolos materiales»[20]. Los signos son unas señales que sirven para darnos a conocer alguna realidad. Algunos son naturales, como el humo, que es señal del fuego; otros son fruto de un acuerdo entre nosotros, como el color rojo, que indica peligro. Los símbolos son realidades sensibles que nos sirven para expresar

---

[18] *Lc* 22, 19.
[19] *CEC*, nº 1068.
[20] *CEC*, nº 1146.

realidades espirituales, ideas o acciones de Dios, etc. Por ejemplo, la bandera es símbolo de la patria; la Cruz de Cristo puede simbolizar el amor que Dios nos tiene, etc. «Como ser social, el hombre necesita signos y símbolos para comunicarse con los demás. Se sirve así de elementos materiales, gestos, palabras, con las que evocamos realidades espirituales o religiosas. Lo mismo sucede en su relación con Dios»[21].

Todos los elementos de la creación visible son también señales para que los hombres descubramos, a través de su hermosura y perfección, la grandeza y la bondad del Creador. En las distintas culturas humanas, los hombres hemos utilizado muchas señales y símbolos para comunicarnos: una caricia, un modo de mirar y, por supuesto, una palabra pueden expresar un sentimiento tan profundo como el amor; elevar un poco el brazo y mover suavemente la mano es la manera de expresar un saludo o una despedida.

Cuando Dios entra en contacto con Abrahán y los Patriarcas, se sirve también de signos y símbolos para darse a conocer y comunicarse con ellos. A lo largo del Antiguo Testamento, Dios usa la costumbre vigente en aquella época de hacer pactos de amistad o alianzas entre las naciones, para

---

[21] *Ibídem.*

sellar con su Pueblo una Alianza, que renueva a lo largo de los siglos. Empieza con Abrahán y establece como señal de esa alianza la circuncisión. Más adelante, cuando libera a Israel de la esclavitud de Egipto, el Señor muestra a Moisés cómo desea que su pueblo le reconozca como Dios y salvador. El centro de ese culto será el sacrificio de un cordero que cada familia comerá en una cena, llena de señales y símbolos, para hacer memoria de aquella última cena en Egipto, poco antes del Paso o Pascua del Señor con el que comenzó su libertad.

La imposición de las manos era un símbolo de dedicación exclusiva al culto de Dios. La firma de la más solemne Alianza de Dios con Israel tuvo lugar en el monte Sinaí. Después de sacrificar en honor de Dios varias reses, Moisés esparció la sangre de los animales sacrificados, tanto sobre el altar, que representaba a Dios, como sobre el pueblo, para simbolizar la ratificación de este solemne acuerdo de amistad entre Dios e Israel, que se completó con un banquete sagrado. El aceite, que simboliza la fortaleza, era utilizado para consagrar a los sacerdotes y a los reyes. Los lavados rituales expresaban el deseo de que Dios purificase las manchas del alma, los pecados.

Jesucristo asumió muchos de esos signos y símbolos de la Alianza. Las parábolas están llenas de símbolos con los que explica cómo Dios lleva a cabo la salvación de los hombres, que Jesús llama Reino de Dios. Así compara la Palabra de Dios a una semilla que el labrador echa en el campo[22]. La tierra, que puede estar cerrada como un camino, abierta solo superficialmente, rodeada de malas hierbas o abierta y receptiva, representa los diferentes modos de rechazar o acoger la Palabra de Dios y a Jesús mismo.

De muchas actividades y profesiones de su tiempo se sirvió Jesús para hablar del Reino de Dios: el ama de casa que pierde unas monedas, el mercader que negocia con perlas, el pastor y su rebaño, el constructor que está levantando una casa, el rey que camina con su ejército para enfrentarse a su enemigo, el padre de familia con dos hijos; todas estas historias son símbolo de la acción de Dios en las almas y de las reacciones de los hombres ante el amor de Dios.

Jesús no solo se sirvió de signos y símbolos en su predicación. Con los milagros, mostraba también la llegada del Reino de Dios. En estos casos, las acciones milagrosas de Jesús, realizadas con elementos de la naturaleza, como pan y peces, barro, vino, etc., van acompañadas por unas palabras suyas que transforman esos elementos materiales en instrumentos de su acción curativa.

---

[22] Cfr. *Lc* 8, 10 y ss.

Después de su Ascensión a los cielos y hasta su venida gloriosa al final del mundo, Jesús ofrece la salvación a todos los hombres en su Iglesia por medio de unos signos o señales que podemos captar con la vista y otros sentidos. Esos signos se componen de unos elementos sensibles –agua, vino, aceite, etc.– o gestos –imposición de las manos, señal de la cruz hecha con la mano, etc.– acompañados por palabras que el mismo Jesús pronuncia ahora por medio de sus ministros. Esas cosas, gestos y palabras apuntan y nos traen a la mente –significan– otra realidad, invisible para nosotros, que el Espíritu Santo realiza en el alma del que recibe el sacramento.

Todos los elementos de cada sacramento nos señalan la acción que Dios realiza cuando en la Iglesia se administra el sacramento, acción que es invisible a nuestros ojos, pero que sabemos, por la fe en Jesucristo, que realmente sucede. Así, por ejemplo, cuando vemos derramarse agua en la cabeza del que está recibiendo el Bautismo y escuchamos las palabras que acompañan a esa acción, creemos que en ese momento Dios limpia el alma del bautizando del pecado original y de los pecados personales y lo hace hijo suyo.

Los sacramentos, como todos los dones de Dios, para que produzcan en nosotros sus efectos, requieren que quienes los reciben manifiestan su fe en Jesucristo. Así nos abrimos los hombres a la acción de Dios en nosotros. En los evangelios vemos cómo Jesús pedía a los enfermos que manifestaran su fe en Él, antes de obrar el milagro de su curación. Por eso, en la medida en que nos preparamos con una fe viva y la manifestamos con palabras y gestos, al asistir a la Eucaristía o los demás sacramentos, acogemos estas acciones de Jesús y nos beneficiamos de sus frutos. Las palabras divinas, que Jesús pronuncia por medio de sus ministros en la Iglesia, se unen a palabras humanas con las que manifestamos nuestra fe y así dejamos que Dios nos cure y eleve.

La Misa está llena de signos sensibles y acciones simbólicas que nos señalan la celebración sacramental de la Pascua del Señor Jesús, es decir, el paso de este mundo al Padre por medio de la muerte en la Cruz y la Resurrección. Vemos sobre el altar, igual que pasó en la Cruz, la sangre de Jesucristo separada de su cuerpo. El pan, elaborado con la harina producida al moler el trigo, y el vino, fruto de las uvas pisadas en el lagar, nos recuerdan el sufrimiento de Cristo, *triturado por nuestros crímenes*[23], que, por amor, nos entrega su vida en la Cruz, en medio de fuertes dolores. Los gestos de la Misa –posturas, genuflexiones, incli-

---

[23] *Is* 53, 5.

naciones de cabeza o del cuerpo, la posición de los brazos del sacerdote celebrante, la señal de la cruz, los besos al altar y al libro que contiene la Palabra del Señor Jesús, etc.– nos dan pistas para entender lo que Dios está obrando sobre el altar o en el ambón –lugar desde donde se proclama la Palabra de Dios–, cuando se celebra la Misa. Los textos de la Liturgia de la Palabra y de la Plegaria eucarística, unidos a los gestos sobre las ofrendas o sobre el Cuerpo y la Sangre de Jesús, nos guían e iluminan para entrar y participar en la Misa. También aquí podemos decir que «Dios habla bajito»: escuchar su Palabra y descifrar los mensajes encerrados en el simbolismo de los gestos del celebrante requiere de nosotros una atención especial.

Una puerta abierta al cielo

Una madre de familia, mujer de fe, fue a ver al párroco para pedirle que administrase a un hijo suyo, con síndrome de Down, la Primera Comunión. Ella lo había preparado desde hacía años para recibir este sacramento. El párroco al principio se resistía, pero, ante la insistencia de la mujer, quiso ver al chico para comprobar que, efectivamente, estaba preparado para recibir al Señor por primera vez.

En una de las naves de la iglesia había una imagen grande de Cristo clavado en la cruz. El párroco llevó al chico junto a esa imagen y le dijo que se fijara bien. Después lo acercó al sagrario, que estaba detrás del altar, y le preguntó:

—Vamos a ver, ¿dónde está Jesús, allí en la cruz o aquí en el sagrario?

El chico, sin inmutarse, contestó:

—Allí (en la cruz) parece que está, pero no está. Aquí, (en el sagrario) parece que no está, pero está.

El párroco declaró al chico apto para recibir la Primera Comunión.

Participar en la Santa Misa es saber pasar de lo que se ve y se oye, a lo que no se ve ni se oye, pero está. Este paso lo damos con la luz de la fe, infundida por Dios en el Bautismo. La Iglesia nos prepara para darlo con el anuncio del amor de Jesucristo, que se ejercita con la caridad, visible en la vida de las familias cristianas y en el ejemplo de los bautizados.

Realmente lo que se ve y se oye –los signos o señales que podemos captar con los sentidos– tiene menos relevancia que lo que no se ve, pero necesitamos el apoyo de esas realidades materiales para poder saltar hasta Aquel que solo la fe puede alcanzar: Dios Trinidad. Nos sucede algo parecido a lo que debieron de experimentar los discípulos y amigos de Jesús durante su estancia en la tierra. Ellos veían y oían a un hombre que les hablaba, eso sí, *como jamás ha hablado nadie*[24], pero en el que no brillaba ninguna luz especial. La fe de los discípulos que les llevó a descubrir que aquel hombre era verdaderamente Dios, el Hijo de Dios, fue un don, un regalo, como el mismo Jesús revela a Simón Pedro cuando este le confiesa como Mesías, Hijo de Dios: *¡Bienaventurado tú, Simón, hijo de Jonás!, porque eso no te lo ha revelado ni la carne ni la sangre, sino mi Padre que está en los cielos*[25]. Los milagros que hizo Jesús ayudaron a sus seguidores a creer en Él como Dios hecho hombre, pero hubo judíos, que desempeñaban cargos importantes en el Templo y en el gobierno del país, que fueron testigos de esos mismos milagros y no creyeron[26].

Lo que no se ve en la Misa, pero realmente está, es Dios, Uno y Trino, y todos los seres espirituales que viven en Él y le alaban y bendicen por toda la eternidad en el cielo. El que verdaderamente celebra la Misa es Jesucristo, acompañado por su Cuerpo, que es la Iglesia, como afirma el Catecismo de la Iglesia Católica: «Real-

---

[24] *Jn* 7, 46.
[25] *Mt* 16, 17.
[26] Cfr. *Jn* 9.

mente, en una obra tan grande por la que Dios es perfectamente glorificado y los hombres santificados, Cristo asocia siempre consigo a la Iglesia, su esposa amadísima, que invoca a su Señor y por Él rinde culto al Padre eterno»[27]. Toda la Trinidad interviene en la Misa, pues Jesucristo es inseparable del Padre y del Espíritu Santo, Tres Personas en un solo Dios.

Los capítulos 4 y 5 del último libro del Nuevo Testamento, el Apocalipsis, describen de manera simbólica el culto de alabanza y adoración que los ángeles y los santos tributan al Dios Trino y Uno en el cielo.

A Dios Padre, se refiere en los siguientes términos: *Vi un trono puesto en el cielo, y sobre el trono uno sentado. El que estaba sentado en el trono era de aspecto semejante a una piedra de diamante y cornalina, y había un arco iris alrededor del trono de aspecto semejante a una esmeralda*[28].

Jesús aparece así: *Y vi en medio del trono y de los cuatro vivientes, y en medio de los ancianos, a un Cordero de pie, como degollado; tenía siete cuernos y siete ojos, que son los siete espíritus de Dios enviados a toda la tierra*[29]. El Cordero, que aparece con las llagas

---

[27] *CEC*, nº 1089.
[28] *Ap* 4, 2-4.
[29] *Ap* 5, 6.

abiertas al ser enclavado en la Cruz y con el agujero de la lanza que atravesó su corazón, está de pie, es decir, vivo, porque Jesús ha resucitado y vive para siempre.

Cuando se refiere al Espíritu Santo, escribe: *Y delante del trono, como un mar transparente, semejante al cristal*[30]. En el último capítulo del Apocalipsis, san Juan completa esta imagen del Espíritu Santo: *Y me mostró un río de agua de vida, reluciente como el cristal, que brotaba del trono de Dios y del Cordero*[31].

El culto que los ángeles y los santos tributan a Dios en el cielo –llamado liturgia celestial– está reseñado así en el Apocalipsis: *Día y noche cantan sin pausa: «Santo, Santo, Santo es el Señor Dios, el todopoderoso; el que era y es y ha de venir»*[32].

Miré y vi una puerta abierta en el cielo[33]. Esta puerta que da al cielo es la Misa, pues nosotros, los bautizados, «participamos en aquella liturgia celestial que se celebra en la ciudad santa, Jerusalén, hacia la cual nos dirigimos como peregrinos, donde Cristo está sentado a la derecha del Padre, como ministro del santuario y del tabernáculo verdadero»[34].

---

[30] *Ap* 4, 6.
[31] *Ap* 22, 1.
[32] *Ap* 4, 8.
[33] *Ap* 4, 1.
[34] *CEC,* n° 1090.

El arte de participar en la Misa consiste en unirse a la adoración ininterrumpida de los ángeles y los santos a Dios Uno y Trino. Es verdad que nosotros no podemos ver ese cielo que describe san Juan en el Apocalipsis, pero, cuando cantamos el Gloria, nuestras voces y la música hacen eco al coro de los ejércitos celestiales. Y, si nos fijamos bien en lo que cantamos, descubrimos que nuestras palabras reproducen el canto de los ángeles que escucharon los pastores de Belén, después de recibir el anuncio del nacimiento del Dios hecho Hombre: *Gloria a Dios en el cielo, y en la tierra paz a los hombres de buena voluntad*[35]. De igual manera, la primera oración de la Plegaria eucarística, llamada «Prefacio», termina con la alabanza que ángeles y santos tributan a Dios en el cielo: *Santo, Santo, Santo es el Señor Dios, el todopoderoso; el que era y es y ha de venir*[36].

En la Misa se nos abre el cielo, como se abrió cuando Jesús pidió a Juan el Bautista que lo bautizara, y Juan lo sumergió en el agua y lo levantó después, para expresar la muerte y resurrección de Cristo. *Y sucedió que, cuando todo el pueblo era bautizado, también Jesús fue bautizado; y, mientras*

---

[35] *Lc* 2, 14.
[36] *Ap* 4, 8.

oraba, se abrieron los cielos[37]. La llave que abre el cielo es la oración de Jesús, aquella, en las orillas del Jordán, y la de ahora, con la Iglesia, en cada Misa.

[37] *Lc* 3, 21.

Capítulo IV
PARTICIPAR EN LA MISA

El primer fruto del Concilio Vaticano II fue la Constitución sobre la Sagrada Liturgia, promulgada el 5 de diciembre del año 1963. La preocupación de los obispos de todo el mundo convocados por el papa Juan XXIII en Roma era «poner en el centro de la vida cristiana (...) la celebración del Misterio pascual de Cristo»[1]. El propósito de las reformas que el Concilio introdujo en la celebración de la Misa «era llevar a las personas a un encuentro personal con el Señor, presente en la Eucaristía, y por tanto con el Dios vivo, para que, a través de este contacto con el amor de Cristo, pudiera crecer también el amor de sus hermanos y hermanas entre sí»[2].

Sin embargo, por causas ajenas a la voluntad de los Padres conciliares, en muchos lugares, «la

---

[1] Benedicto XVI, *Discurso en el 50º aniversario de la creación del Pontificio Instituto Litúrgico S. Anselmo,* 6-V-2011.

[2] Papa Francisco, Mensaje a los participantes en el Simposio *Sacrosanctum Concilium. Gratitud y compromiso por un gran movimiento eclesial,* 18-II-2014.

participación activa se ha confundido con la mera actividad externa»[3]. Efectivamente, no pocas personas aún piensan que participar en la Santa Misa es hacer las lecturas, o pasar el cestillo para la colecta, o cantar. De ahí la necesidad de enseñar a los fieles a participar en la Misa con una actividad interior de oración –adoración, agradecimiento, alabanza, petición, contrición– con la que se unan a la acción de Jesús, que se ofrece a sí mismo y nos ofrece con Él, para que «formemos en Cristo un solo cuerpo y un solo espíritu»[4]. Esa oración interior da sentido a la participación exterior, necesaria para que todas las dimensiones de la persona entren en contacto con Dios.

Una música divina y humana

La Misa es como una milagrosa composición musical, inventada por Jesús e interpretada por la Iglesia para alabar y dar gloria a la Santísima Trinidad, Dios único. En cada Misa, los elementos visibles –las voces del celebrante y los fieles, el coro, el propio templo y los demás componentes materiales– nos permiten entrar, por la fe, en el mundo de Dios, la Jerusalén celestial. Allí, Jesús

---

[3] *Ibídem.*
[4] Plegaria eucarística, 1.

resucitado, unido como Cabeza a su Cuerpo místico, la Iglesia, eleva su acción de gracias al Padre. Al mismo tiempo, Jesús le bendice sin cesar, por la salvación de los hombres que Él realizó con la entrega de su vida en la Cruz y su resurrección. Los coros angélicos acompañan con sus cánticos de adoración la acción de gracias de Jesús resucitado a la Trinidad, y todos los santos ofrecen su homenaje al Dios Uno y Trino.

Cuando escuchamos una composición musical, los sonidos armónicos de los instrumentos y los distintos ritmos de cada movimiento nos trasladan a un mundo maravilloso, gracias al arte del autor de la obra y de quienes la interpretan. De una manera parecida, aunque en un plano divino, las palabras sobre el pan y el vino, que Jesús pronuncia por boca del sacerdote, nos ponen delante del único sacrificio redentor de Jesús y de su resurrección, para asociarnos a su agradecimiento y alabanza al Padre y para convertir la vida de cada cristiano en ofrenda a nuestro Dios.

El arte de participar en la Misa consiste en dejarse conducir, por medio de la fe, desde los elementos visibles –el pan, el vino, las palabras, los gestos, etc.– a las acciones reales pero invisibles que Jesús realiza: el ofrecimiento de su vida en la cruz y el triunfo de su resurrección, a las que nos asociamos por medio de la oración.

En una composición musical hay una melodía en primer plano que se completa, a modo de armazón, con un acompañamiento de fondo. De vez en cuando, algún elemento de ese armazón pasa a primera línea para desarrollar la melodía. En la Misa hay una melodía principal, que es la acción de gracias y la alabanza que Jesús, como Cabeza de la Iglesia, tributa a su Padre por habernos salvado. Al mismo tiempo, como telón de fondo, se entrelazan otros elementos, como la adoración, la petición de perdón, la presentación de nuestras necesidades, la escucha y diálogo con Jesús, la petición por otros, el ofrecimiento de nuestras vidas para que Jesús las una a la suya, etc. En algunos momentos, estos elementos ocupan el primer lugar, sin que por eso deje nunca de sonar, aunque algo amortiguada, la melodía principal que une y da sentido a toda la Misa: el agradecimiento y la alabanza a Dios.

La Misa se compone de dos partes que reflejan las dos acciones principales de Jesucristo en su vida mortal: predicar la Buena Nueva y pasar de este mundo al Padre por medio de su muerte en la Cruz y su resurrección. La «Liturgia de la Palabra» actualiza la predicación de Jesús y la «Liturgia eucarística» actualiza su «Pascua». En la primera parte, Jesucristo nos ayuda a comprender el sentido de las Escrituras, y así entendemos poco a poco la historia de nuestra salvación. En la segunda parte, Jesús resucitado se hace realmente presente ante nosotros para renovar el ofrecimiento de su vida en la Cruz y alimentarnos con su Cuerpo y Sangre.

Estas dos partes de la Misa no se pueden separar pues, tanto en la primera como en la segunda, Jesucristo se nos ofrece como alimento. La «Liturgia de la Palabra» es la mesa desde donde nos habla y la «Liturgia eucarística» es la mesa donde nos ofrece su Cuerpo. Antes del Concilio Vaticano II, muchos católicos consideraban la «Liturgia de la Palabra» como una introducción al corazón de la Misa, la «Liturgia eucarística». En los últimos años, la Iglesia ha redescubierto el valor de las Escrituras, especialmente cuando se proclaman dentro de la Misa. En las dos partes hay una presencia de Jesucristo, como explica el Vaticano II: «Está presente en el sacrificio de la Misa (...) sobre todo bajo las especies eucarísticas (...). Está presente en su palabra, pues cuando se lee en la Iglesia la Sagrada Escritura, es Él quien habla»[5].

La Liturgia de la Palabra y la Liturgia eucarística forman un solo acto de alabanza a Dios. De ahí que debamos prestar igual atención en cada

---

[5] Concilio Vaticano II, Const. *Sacrosanctum Concilium*, 7.

parte de la Misa, para no perder de vista a Jesús, que primero nos habla y después viene al altar para ofrecerse al Padre en unión con toda la Iglesia.

La Misa, como todo acontecimiento importante, requiere una cuidadosa preparación. Si cualquiera de nosotros recibiese una invitación para desayunar con los reyes en su mansión, antes de acudir pensaría qué contar, el vestido o traje que se va a poner y, desde luego, no se nos ocurriría llegar a la hora en punto, sino un poco antes.

Si estos detalles de respeto y urbanidad son obligados cuando nos recibe algún personaje público, mayor cuidado hemos de poner cuando es el mismo Dios, nuestro Creador y Redentor, quien nos invita a asistir y participar en el mayor milagro que ocurre en el mundo, la Santa Misa.

Participar en la Santa Misa requiere una preparación, sobre todo interior, para afinar los oídos del alma y desplegar todas las antenas de nuestra atención. Se trata de convertir los detalles de la celebración en materia de un encuentro personal con Jesús vivo y resucitado que también aquí, en la Misa, «habla bajito».

Un amigo, que asiste a Misa cada día, me comentaba que, al llegar a la iglesia, se ve a sí mismo como un niño sucio y desarreglado que va a una fiesta. Entonces le pide a su Madre, la Virgen María, y a san José que lo limpien y adecenten para no desentonar.

Para concentrarnos en lo que vamos a participar, lo mejor es meditar las lecturas de la Misa, antes de la celebración. Así, cuando esas lecturas sean proclamadas en la Liturgia de la Palabra, la semilla de Dios encontrará en nuestra alma una tierra abierta y aireada que la acoja y le facilite fructificar después en nuestras acciones durante el resto de la jornada.

Cuando sale el sacerdote, podemos pedir a Jesús que *envíe obreros a su mies*[6].

Como toda buena composición musical, la Misa comienza con unos gestos y oraciones que nos disponen para poder participar con el mayor fruto posible.

Al llegar al altar, después de inclinarse profundamente, lo primero que hace el sacerdote es besar a Jesucristo, representado por el altar. Para entender el sentido de esta tierna manifestación de amor, podemos recordar las palabras con las que el evangelista Juan enmarca todo el relato de la Pasión, Muerte y Resurrección de Jesús: *Antes de la fiesta de la Pascua, sabiendo Jesús que había llegado su hora de pasar de este mundo al Padre, habiendo*

---

[6] *Lc* 10, 2.

amado a los suyos que estaban en el mundo, los amó hasta el extremo[7].

Nunca podremos abarcar el contenido de esta expresión: *hasta el extremo.* El corazón de Jesús rebosa amor a su Padre y a nosotros. Ese amor se desborda cuando lava los pies a sus discípulos y durante toda la larga e íntima confidencia en la última Cena. Ese amor es el que le impulsa a instituir la Eucaristía y el que le arranca de la mesa para encaminarse hacia el Huerto de los Olivos. Al final, ese amor de Jesús a nosotros, que había llegado *hasta el extremo*, acabó saltando ese mismo extremo, que es la vida: *Nadie tiene amor más grande que el que da la vida por sus amigos*[8].

Este beso del sacerdote al altar enciende en nosotros el deseo de echarnos a los pies del Resucitado, para llenar de besos sus pies, como María Magdalena junto al sepulcro. La Misa toda es un regalo de amor. ¡Qué mejor modo de comenzar que ese beso a Jesús!

A continuación, el celebrante, desde la sede, hace sobre sí mismo la señal de la Cruz al tiempo que confiesa la fe en Dios Uno y Trino: «En el nombre del Padre y del Hijo y del Espíritu Santo». Estas palabras nos recuerdan que lo que

---

[7] *Jn* 13, 1.
[8] *Jn* 15, 13.

sucede frente a nosotros no es una acción humana, sino divina, pues la va a realizar Dios Uno y Trino.

Toda la Trinidad está presente y actúa en cada Misa. El Padre recibe la plegaria de acción de gracias y alabanza de su Hijo; Jesucristo actualiza el ofrecimiento de su vida al Padre en unión con su Esposa, la Iglesia; el Espíritu Santo realiza el milagro de convertir el pan y el vino en el Cuerpo y la Sangre de Jesucristo. Nos puede recordar esta presencia de la Santísima Trinidad en la Misa, paladear la conclusión de la primera de las oraciones llamadas «presidenciales», que, habitualmente dirigidas al Padre, el celebrante canta o recita después del Gloria: «Por nuestro Señor Jesucristo, tu Hijo, que vive y reina contigo en la unidad del Espíritu Santo y es Dios por los siglos de los siglos»[9].

Otra manera práctica de descubrir la presencia de la Trinidad en la Misa es fijarse en la Persona de la Trinidad a la que se dirige cada oración de la Plegaria eucarística. La mayoría se dirigen a Dios Padre, nombrándolo expresamente, como en el Prefacio y las oraciones que preceden y siguen a la Consagración. Pero unas pocas, como la

---

[9] *Misal Romano,* en castellano, según la 3ª edición típica latina, p. 441.

que precede al rito de la paz: «Señor Jesucristo, que dijiste a tus apóstoles: *La paz os dejo, mi paz os doy...*»[10], se dirigen expresamente a Jesús. Y en dos oraciones de la Plegaria eucarística, una antes y otra después de la Consagración, le pedimos al Espíritu Santo que realice el milagro de traer a Jesús al altar, escondido en las apariencias de pan y vino; y que venga sobre nosotros y nos una a Jesucristo.

La señal de la Cruz y el saludo a los asistentes por parte del sacerdote expresan la presencia del Señor en esa comunidad que representa a toda la Iglesia de Cristo. Es importante darse cuenta de esta presencia de Jesucristo resucitado en medio de los suyos, cuando comenzamos la Misa, como recuerda el Misal Romano: «En la celebración de la Misa, en la cual se perpetúa el sacrificio de la Cruz, Cristo está realmente presente en la misma asamblea congregada en su nombre, en la persona del ministro, en su palabra y ciertamente de una manera sustancial en las especies eucarísticas»[11].

Precisamente las palabras del saludo del sacerdote: «El Señor esté con vosotros» expresan la alegría de esa presencia de Jesucristo entre sus fieles, fruto del Bautismo, que nos capacita para

---

[10] *Ibídem*, Rito de la Comunión.
[11] *OGMR*, n° 27.

participar en la Misa. Recordar y agradecer entonces nuestro Bautismo es un buen modo de comenzar la Misa.

Es posible que, en estos primeros momentos, nos venga el pensamiento de que no somos dignos de participar en los sagrados misterios, como el orante del Salmo 24 (23): *¿Quién puede subir al monte del Señor? ¿Quién puede estar en el recinto sacro? El hombre de manos inocentes y puro corazón, que no confía en los ídolos ni jura con engaño*[12].

Recordemos aquellas palabras de Dios a Moisés, cuando este se acercaba a la zarza que ardía sin consumirse en el monte Horeb: *No te acerques; quítate las sandalias de los pies, pues el sitio que pisas es terreno sagrado*[13]. De ahí que, desde el siglo primero, toda la asamblea se prepare con el acto penitencial, que tiene cuatro elementos: una invitación a reconocer nuestros pecados, un momento de silencio para que los recordemos y pongamos delante de Dios, la confesión de los mismos con tres posibles fórmulas y una bendición que dice el celebrante.

El Misal Romano recuerda que esta bendición del sacerdote no tiene la misma eficacia que el sacramento de la Penitencia pues no perdona los

---

[12] *Sal* 24 (23), 3-4.
[13] *Ex* 3, 5.

pecados mortales[14]. Es lógico que este recuerdo de nuestras ofensas a Dios nos impulse a implorar su misericordia con las tres invocaciones: «Señor, ten piedad; Cristo, ten piedad; Señor, ten piedad».

El Misal Romano define el «Gloria» como «un antiquísimo y venerable himno con el que la Iglesia, congregada en el Espíritu Santo, glorifica a Dios Padre y al Cordero y le presenta sus súplicas»[15]. Se canta o reza los domingos, salvo en Adviento y Cuaresma, y en las fiestas. En los primeros siglos solo lo recitaba el Obispo el día de Navidad. Después, en el siglo sexto, se extendió a los domingos y fiestas de los mártires, pero solo para los obispos. Finalmente, a partir del siglo décimo, lo empezaron a rezar los sacerdotes.

En el Gloria alabamos a la Santísima Trinidad y le suplicamos que se apiade de nosotros. Aquí empieza a sonar la melodía que entonan los ángeles y los santos en el cielo, música de alabanza, de bendición, de adoración y glorificación a Dios Uno y Trino, a la que nos unimos desde la tierra.

Podemos imaginar el cielo según la visión que nos relata el libro del Apocalipsis: *Miré y he aquí que el Cordero estaba de pie sobre el monte Sión, y con*

---

[14] Cfr. *OGMR*, nº 51, 1.
[15] *OGMR*, nº 53, 1.

él ciento cuarenta y cuatro mil que llevaban grabados en la frente su nombre y el nombre de su Padre. Oí también como una voz del cielo, como voz de muchas aguas y como voz de un trueno poderoso; y la voz que escuché era como de citaristas que tañían sus cítaras. Y cantan un cántico nuevo delante del trono, delante de los cuatro vivientes y los ancianos[16].

«A continuación, el sacerdote invita al pueblo a orar; y todos, a una con el sacerdote, permanecen un momento en silencio para hacerse conscientes de que están en la presencia de Dios y formular interiormente sus súplicas»[17]. Aprovecharemos mejor estos minutos de silencio, si antes de la Misa pensamos por quién y qué vamos a pedir al Señor. «Entonces el sacerdote lee la oración que se suele denominar *"colecta"*»[18], porque «colecciona» ante Dios nuestras necesidades y peticiones.

Esta oración habitualmente se dirige a Dios Padre por medio del Hijo, Jesucristo, en el Espíritu Santo. Por eso tiene una conclusión larga que, como ya hemos comentado, nos ayuda a descubrir el papel central de la Trinidad en la Misa: «Por nuestro Señor Jesucristo, tu Hijo, que vive y reina contigo en la unidad del Espíritu

---

[16] *Ap* 14, 1-4.
[17] *OGMR*, nº 54.
[18] *Ibídem.*

Santo y es Dios por los siglos de los siglos»[19]. Los fieles responden: «Amén». Así terminan los ritos iniciales y comienza la primera parte de la Misa, la Liturgia de la Palabra.

La Liturgia de la Palabra

La Misa es el lugar del encuentro con Dios. Jesucristo sale a por nosotros, como salió en busca de los dos discípulos que marchaban a Emaús. Antes de «partir el pan» y dárselo a cada uno, Jesús entabla un largo diálogo con ellos, mientras van de camino. Y las palabras de Jesús resucitado, que, *comenzando por Moisés y siguiendo por todos los profetas, les explicó lo que se refería a él en todas las Escrituras*[20], cambian su corazón.

Antes de esa larga conversación con Jesús resucitado, estos discípulos regresaban decepcionados a su pueblo. Su fe en Jesús se había debilitado de tal manera que no estaban dispuestos a dar crédito a lo que las mujeres les dijeron. *Es verdad que algunas mujeres de nuestro grupo nos han sobresaltado, pues habiendo ido muy de mañana al sepulcro, y no habiendo encontrado su cuerpo, vinieron diciendo que incluso habían visto una aparición de ángeles, que dicen*

[19] *Ibídem.*
[20] *Lc* 24, 27.

que está vivo[21]. No se fiaban de nadie. Este decaimiento de su fe y su esperanza les había vuelto *necios y torpes para creer lo que dijeron los profetas*[22].

Cuando emprenden el regreso a Jerusalén, después de que Jesús desaparezca de su vista, su vida ha cambiado. El comentario que hacen: *¿No ardía nuestro corazón mientras nos hablaba por el camino y nos explicaba las Escrituras?*[23], revela que las palabras del Señor han transformado su corazón. Ahora rezuman aquella alegría de los primeros encuentros con Jesús. Y, al mismo tiempo, descubren su misión: comunicar esta alegría a los demás.

Dios crea con su Palabra. La Palabra de Dios en la Misa produce cambios en quien la escucha y recibe con fe. Jesús la comparó a una semilla que Dios siembra en la tierra del corazón humano y, si encuentra buena acogida, *produce ciento o sesenta o treinta por uno*[24]. Es una *Palabra viva y eficaz*[25], «por el poder del Espíritu Santo, y manifiesta el amor operante del Padre, amor que no decae en su eficacia para con los hombres»[26]. La Palabra de Dios

---

[21] *Lc* 24, 22.23.
[22] *Lc* 24, 25.
[23] *Lc* 24, 32.
[24] *Mt* 13, 23.
[25] *Hb* 4, 12.
[26] *Misal Romano,* Ordenación de las lecturas de la Misa, n° 4.

en la Misa no solo transmite unas enseñanzas que iluminan nuestra inteligencia, sino que produce en nosotros un cambio de mentalidad. Por medio de ella, se nos contagia el modo de amar y pensar de Jesús. Al meditarla antes y escucharla en la Misa, revivimos la escena de los discípulos de Emaús. Esa Palabra despierta nuestra fe para reconocer a Jesús «al partir el Pan», nos transmite la alegría del Resucitado y un afán nuevo de compartirla con los demás. Esa Palabra escuchada en la Misa «conduce a la Eucaristía, como a su fin propio»[27].

«Toda celebración sacramental es un encuentro de los hijos de Dios con su Padre, en Cristo y en el Espíritu Santo, y este encuentro se expresa como un diálogo a través de acciones y de palabras»[28]. Benedicto XVI definió este encuentro como «un abrazo de salvación entre Dios y el hombre»[29]. Dios habla y el pueblo responde, no solo con palabras, sino con su vida. El pueblo responde a la Palabra de Dios con cánticos, aclamaciones, súplicas, peticiones y con oración, en forma de silencio interior, que favorece la escucha. «La parte principal de la Liturgia de la Pala-

---

[27] *Ibídem*, nº 10.
[28] *CEC*, nº 1153.
[29] Benedicto XVI, Audiencia general, 5-X-2005.

bra son las lecturas tomadas de la Sagrada Escritura, con los cantos que se intercalan; la homilía, la profesión de fe y la oración universal u oración de los fieles, la desarrollan y concluyen»[30]. Estos son los elementos que componen la Liturgia de la Palabra. A continuación, el Misal Romano nos enseña cómo se articulan estos elementos: «En las lecturas, que luego explica la homilía, Dios habla a su pueblo, le descubre el misterio de la redención y salvación, y le ofrece alimento espiritual; y el mismo Cristo, por su palabra, se hace presente en medio de los fieles. Esta palabra divina la hace suya el pueblo con el silencio y los cantos, y muestra su adhesión a ella con la profesión de fe; y, una vez nutrido con ella, en la oración universal hace súplicas por las necesidades de la Iglesia entera y por la salvación de todo el mundo»[31].

Cuando el lector dice «Palabra de Dios», al final de la primera o segunda lectura, eso es verdad: quien acaba de hablarnos es el mismo Jesús y «no habla en el pasado, sino en nuestro presente, ya que Él mismo está presente»[32].

En los Evangelios hay una persona, María de Betania, que nos enseña a escuchar a Jesús en la

---

[30] *OGMR*, nº 55.
[31] *Ibídem*.
[32] Benedicto XVI, *Sacramentum caritatis*, nº 45.

Liturgia de la Palabra. Mientras su hermana Marta *andaba muy afanada con los muchos servicios*[33], María, *sentada junto a los pies del Señor, escuchaba su palabra*[34]. Cuando Marta le pide a Jesús que diga a su hermana que le eche una mano, el Maestro le contesta que María *ha escogido la parte mejor, y no le será quitada*[35]. ¿Puede haber algo más importante que concentrarnos en la escucha de esa Palabra que el mismo Jesús nos ofrece en la Misa? También nosotros, como María de Betania, estamos sentados en esos momentos en torno a Jesús. Nos conviene colocarnos lo más cerca posible de él porque Dios, no lo olvidemos, «habla bajito».

En este diálogo entre Dios y su pueblo, el Señor toma la iniciativa de hablarnos con la primera lectura que, habitualmente, está tomada de alguno de los libros del Antiguo Testamento, salvo en tiempo de Pascua, que se toma de los Hechos de los Apóstoles.

La mejor disposición para recibir el regalo de la Palabra de Dios en la Misa es el silencio interior y exterior, «la condición ambiental que mejor favorece el recogimiento, la escucha de Dios y la meditación»[36]. Recordemos la respuesta del joven

---

[33] *Lc* 10, 40.
[34] *Lc* 10, 39.
[35] *Lc* 10, 42.
[36] Benedicto XVI, Audiencia general, 10-VIII-2011.

Samuel cuando el Señor lo llama por su nombre: *Habla, que tu siervo escucha*[37]. Y, si tenemos experiencia de lo fácil que resulta distraerse mientras nos habla Dios, podemos pedir al Espíritu Santo que prepare nuestro corazón para recibir la semilla de la Palabra de Dios, de manera que dé fruto en nuestra vida.

Hoy más que nunca, necesitamos hacer la experiencia del silencio interior y exterior para acoger la Palabra de Dios en la Misa. Con el alma agitada, no podemos escuchar. En la tercera edición del Misal Romano se ha añadido un número sobre el silencio: «Conviene que haya en ella (la Liturgia de la Palabra) unos breves momentos de silencio, acomodados a la asamblea, en los que, con la gracia de Dios, se perciba en el corazón la palabra de Dios y se prepare la respuesta a través de la oración»[38]. Este silencio, que favorece la oración interior, es la primera respuesta del pueblo a Dios que le habla. «Estos momentos de silencio pueden observarse, por ejemplo, antes de que se inicie la misma Liturgia de la Palabra, después de la primera y la segunda lectura, y una vez concluida la homilía»[39].

---

[37] *1 S* 3, 10.
[38] *OGMR,* n° 56.
[39] *Ibídem.*

Si nos roban el silencio, no podemos relacionarnos con Dios. La Palabra procede del silencio de Dios. Sin recogimiento interior es difícil sintonizar con Dios. El Misal Romano señala que «la Liturgia de la Palabra se debe celebrar de tal manera que favorezca la meditación; por eso hay que evitar en todo caso cualquier forma de apresuramiento que impida el recogimiento»[40]. La prisa y el amor son incompatibles. Podemos apresurarnos para llegar con tiempo a la cita con la persona que amamos, pero, al encontrarnos con ella, el tiempo no cuenta.

«La gran tradición patrística nos enseña que los misterios de Cristo están unidos al silencio, y solo en él la Palabra puede encontrar morada en nosotros, como ocurrió en la Virgen María, mujer de la Palabra y del silencio inseparablemente»[41].

El silencio interior y exterior es la mejor manera de facilitar la íntima acción del Espíritu Santo en el alma. Con él, responde la asamblea a la iniciativa de Dios que habla en la primera lectura. Además, el pueblo responde con el salmo responsorial, que nos ayuda a profundizar en lo que acabamos de escuchar. Los salmos son oraciones para cantar, compuestas bajo la inspiración

[40] *Ibídem.*
[41] Benedicto XVI, *Verbum Domini*, n° 66.

del Espíritu Santo por judíos piadosos de la Antigua Alianza. Esas oraciones elevan nuestra mente a Dios, pues nos transmiten sentimientos que nos ayudan a dar gracias en momentos felices y nos consuelan en tiempos de dolor. El mismo Espíritu Santo que los inspiró, nos asiste con su luz cuando los cantamos o recitamos en la Misa, para que nuestra oración se una a la que Jesucristo, Cabeza de la Iglesia, eleva al Padre.

Podemos obtener fruto personal al cantar o recitar el Salmo responsorial en la Misa, si estamos familiarizados con el libro de los Salmos. «Los Salmos se dan al creyente precisamente como texto de oración, que tiene como único fin convertirse en la oración de quien los asume y con ellos se dirige a Dios. Dado que son Palabra de Dios, quien reza los Salmos habla a Dios con las mismas palabras que Dios nos ha dado, se dirige a él con las palabras que Él mismo nos da. Así, al rezar los Salmos se aprende a orar. Son una escuela de oración»[42].

Cuando un niño comienza a hablar, toma de sus padres las palabras para expresar sus sentimientos y necesidades. Poco a poco esas palabras se convierten en sus propias palabras y de ellas aprende un modo de pensar y de sentir hasta que la lengua de sus padres se convierte en su propia

_____

[42] Benedicto XVI, Audiencia general, 22-VI-2011.

lengua. Lo mismo sucede con los Salmos. Con esas oraciones nos acercamos al modo de pensar y actuar de Dios, pues nos muestran el corazón de Dios y así aprendemos quién es Dios y a hablar con Él[43].

Desde el 8 de octubre del 2003 hasta el 15 de febrero del 2006, san Juan Pablo II y Benedicto XVI comentaron en las audiencias de los miércoles casi todos los salmos[44]. Estas catequesis de los dos papas están publicadas y pueden servir para introducir en el apasionante mundo del Salterio, el libro de la Sagrada Escritura donde la Palabra de Dios se convierte en oración del hombre. Cuando un cristiano se familiariza con los salmos y aprende a orar sirviéndose de sus palabras, cada salmo responsorial despierta en su alma los ecos de la Palabra de Dios que ha escuchado en la primera lectura. En ocasiones, alguna palabra o frase del salmo se graba en el alma y durante el día nos ayuda a saborear la cercanía de Dios. Así, la Misa sigue viva a lo largo del día y el Espíritu Santo impulsa a convertir en obras de amor los deseos que Él mismo ha impreso en nuestra alma al cantar o recitar el salmo responsorial.

---

[43] Cfr. *Ibídem.*

[44] Se trata de los salmos de Laudes y Vísperas, dos partes del Oficio divino, o Breviario, oración oficial de la Iglesia, que rezan los sacerdotes, miembros de la vida consagrada y muchos laicos.

Los salmos son oraciones compuestas para ser cantadas. Lo aconsejable es que un salmista cante las estrofas, y el pueblo repita cantando la antífona después de cada estrofa. Cuando no haya salmista, se recitan las estrofas y el pueblo canta la antífona. Después del salmo, los domingos y solemnidades se hace una segunda lectura tomada de algún apóstol. Al acabar el salmo los días normales, o la segunda lectura los domingos, el pueblo se pone de pie para aclamar a Jesucristo con el canto del Aleluya. En hebreo «Aleluya» significa «alabad a Dios». Esta palabra, por su musicalidad, suscita en todos los fieles un sentimiento de alegría ante la proximidad de Jesucristo que enseguida se hará presente en el evangelio. El «Aleluya» se omite en Cuaresma.

«Amén» y «Aleluya» aparecen mencionadas en el libro del Apocalipsis: *Después de esto oí en el cielo como el vocerío de una gran muchedumbre, que decía: «¡Aleluya! La salvación, la gloria y el poder son de nuestro Dios, porque sus juicios son verdaderos y justos» (...). Y por segunda vez dijeron: «¡Aleluya!». Y el humo de su incendio sube por los siglos de los siglos. Y los veinticuatro ancianos y los cuatro vivientes se postraron y adoraron a Dios, que está sentado en el trono, diciendo: «¡Amén! Aleluya»*[45].

---

[45] *Ap* 19, 1-5.

Después del «Aleluya», el pueblo canta o recita un versículo tomado de alguna de las lecturas, que resume el mensaje que transmite la Palabra de Dios ese día.

La proclamación del Evangelio es el punto culminante de la Liturgia de la Palabra. En las misas presididas por el Obispo y en otras, el Evangeliario se toma del altar. Este gesto expresa la relación entre la mesa del Pan y la mesa de la Palabra, según el mismo Jesús manifestó: *El que come mi carne y bebe mi sangre tiene vida eterna*[46]; y también: *Quien escucha mi palabra y cree al que me envió posee la vida eterna*[47]. Después, como señal de la veneración que la Iglesia ofrece a Jesucristo presente en su palabra, el Evangeliario es llevado en procesión con los brazos levantados hasta el ambón, precedido por el que lleva el incensario y acompañado por dos acólitos con cirios encendidos.

Antes de empezar la lectura del Evangelio, el sacerdote, después de saludar al pueblo, hace la señal de la cruz sobre el libro y sobre sí mismo, en la frente, los labios y el pecho. Los fieles le imitan. Este gesto es un acto de fe. Vamos a escuchar al mismo Jesucristo y deseamos que su Pala-

---

[46] *Jn* 6, 54.
[47] *Jn* 5, 24.

bra ilumine nuestra inteligencia, esté presente en nuestras conversaciones y nos dé valentía para anunciar al Señor con las obras de ese día. Al terminar, los fieles responden a la aclamación «Palabra del Señor» del sacerdote, con la alabanza: «Gloria a ti, Señor Jesús».

El sacerdote besa entonces el Evangeliario y reza en voz baja: «Las palabras de Evangelio borren nuestros pecados». Esta breve oración expresa la fe en la fuerza de la Palabra de Cristo. Con ella, Jesús curaba cuerpos, resucitaba muertos y perdonaba pecados mientras caminaba por nuestro mundo. Ahora, resucitado, realiza esos mismos milagros si encuentra en nosotros la acogida de una fe recia, como la del centurión: *Basta que lo digas de palabra y mi criado quedará sano*[48].

Es momento de recordar la Carta a los Hebreos: *La palabra de Dios es viva y eficaz, más tajante que espada de doble filo; penetra hasta el punto donde se dividen alma y espíritu, coyunturas y tuétanos*[49], y pedir al Espíritu Santo que nos la explique, para que transforme nuestro modo de pensar y, sobre todo, de querer.

Aunque hayamos leído y meditado antes el texto del Evangelio, cuando se proclama en la

---

[48] *Mt* 8, 8.
[49] *Hb* 4, 12.

Misa estamos oyendo al mismo Jesús. Por eso, toda atención es poca para que nuestro corazón absorba estas palabras divinas que son *espíritu y vida*[50]. Con frecuencia, alguna de ellas se clavará en nuestro interior y nos guiará durante el día.

La homilía de los domingos y días de precepto nos ayuda «a descubrir la presencia y la eficacia de la Palabra de Dios en el hoy de nuestra propia vida»[51]. Esta explicación de los textos divinos descubre sentidos nuevos de la Palabra de Dios. Así podemos aplicarla con facilidad a nuestras particulares necesidades. Al mismo tiempo, nos dispone para participar conscientemente en el milagro al que vamos a asistir en la Liturgia Eucarística. Para asimilar lo que escuchamos en la homilía «es oportuno guardar un breve espacio de silencio»[52].

La Ordenación general del Misal Romano aclara el sentido del Credo o Símbolo de la fe que sigue a la homilía los domingos y fiestas. En primer lugar, la profesión de fe «tiende a que todo el pueblo congregado responda a la Palabra de Dios, que ha sido anunciada en las lecturas de la Sagrada Escritura y expuesta por medio de la

---

[50] *Jn* 6, 64.
[51] Benedicto XVI, *Verbum Domini,* nº 59.
[52] *OGMR,* nº 66.

homilía»[53]. Al mismo tiempo, el Credo ayuda a que el pueblo «rememore los grandes misterios de la fe y los confiese antes de comenzar su celebración en la Eucaristía»[54].

La profesión de fe siempre se canta o reza de pie, pues con esta postura expresamos nuestra adhesión a esas realidades que confesamos porque nos las ha revelado nuestro Señor Jesucristo. Al mencionar la Encarnación, el celebrante y los fieles inclinan la cabeza profundamente. En Navidad y en la fiesta de la Anunciación del Señor, en vez de inclinar la cabeza, nos ponemos de rodillas.

La recitación del Credo es un buen momento para renovar las promesas del Bautismo. En la Vigilia Pascual se renuevan expresamente esas promesas y la profesión de fe se realiza en forma de preguntas y respuestas. En esa ocasión, igual que hicimos o hicieron nuestros padres cuando recibimos el Bautismo, rechazamos a Satanás y aceptamos a Dios; renunciamos a Satanás, al pecado y a las seducciones del mal; y confesamos nuestra fe en Dios Uno y Trino, Creador de todas las cosas; en Jesucristo, el Hijo de Dios hecho hombre para salvarnos; y en el Espíritu Santo, que sostiene a la Iglesia.

---

[53] *OGMR*, nº 67.
[54] *Ibídem.*

La Liturgia de la Palabra termina con la oración universal, llamada también oración de los fieles, cuyo origen se vislumbra en la primera Carta de san Pablo a Timoteo: *Ruego, pues, lo primero de todo, que se hagan súplicas, oraciones, peticiones, acciones de gracias, por toda la humanidad, por los reyes y por todos los constituidos en autoridad, para que podamos llevar una vida tranquila y sosegada, con toda piedad y respeto. Esto es bueno y agradable a los ojos de Dios, nuestro Salvador, que quiere que todos los hombres se salven y lleguen al conocimiento de la verdad*[55]. En la oración de los fieles, «el pueblo responde de alguna manera a la Palabra de Dios acogida en la fe y, ejerciendo su sacerdocio bautismal, ofrece a Dios sus peticiones por la salvación de todos»[56].

El pueblo permanece de pie, en actitud de súplica. Esta oración se llama universal porque las intenciones por las que se pide tienen una dimensión general: las necesidades de la Iglesia, los gobernantes, la salvación del mundo, los que padecen alguna necesidad, la iglesia local[57].

Las tres acciones de Jesús en la Última Cena: *Tomando pan, después de pronunciar la acción de gra-*

---

[55] *1 Tm* 2, 1-5.
[56] *OGMR*, nº 69.
[57] *Ibídem.*

cias, lo partió y se lo dio[58], dan lugar a las tres partes de la Liturgia eucarística:

- La «Presentación de las ofrendas», que consiste en preparar el altar con el pan y el vino que se presentan u ofrecen a Dios.

- La «Plegaria eucarística» u oración de acción de gracias y de bendición en la que las ofrendas se convierten en el Cuerpo y la Sangre de Jesucristo.

- El «Rito de la Comunión», donde los fieles, por la fracción del Pan, reciben el Cuerpo de Cristo.

Liturgia eucarística.
Presentación de las ofrendas

Al presentar al Señor los dones del pan y del vino, que recibimos de Dios y en cuya elaboración participamos los hombres con nuestro trabajo, la Liturgia de la Palabra y la Liturgia eucarística se unen formando «un solo acto de culto»[59]. El anterior diálogo entre Dios y su pueblo, por medio de las lecturas, los silencios, los cantos y las aclamaciones, ha encendido la fe de

---

[58] *Lc* 22, 19.
[59] *OGMR*, n° 28.

los fieles, preparándoles para participar en la Eucaristía.

En esta primera parte de la Liturgia eucarística, el centro de la celebración se desplaza desde el ambón al altar. En la Liturgia de la Palabra, el sacerdote y el pueblo estaban en actitud de diálogo, uno frente a los otros. Ahora, tanto el celebrante como el pueblo se vuelven hacia el Señor, representado por el altar.

La presentación de las ofrendas comenzó siendo una simple preparación exterior del altar, sobre el que se disponían el pan, el cáliz con el vino y el agua para comenzar la Plegaria eucarística. Antiguamente, los fieles traían al altar sus ofrendas, entre las que estaban el pan y el vino, para confeccionar la Eucaristía. Además, aportaban otros bienes para sustentar a los pobres y al sacerdote. Más tarde, como el pan y el vino se cultivaban expresamente para la Misa, esas ofrendas se destinaban a las familias necesitadas.

Poco a poco estas ofrendas de los fieles comenzaron a simbolizar todo su vivir cotidiano –trabajo, familia, oración, penas y alegrías, deseos de parecerse a Jesús, problemas, intenciones y preocupaciones, incluso faltas y omisiones– que los cristianos ponían idealmente en la patena y en el cáliz, para que Jesús las tomase y uniese a su ofrecimiento al Padre en la Cruz.

Así, con el paso de los siglos, la presentación de las ofrendas pasó, de ser una preparación exterior de los elementos para la Eucaristía, a convertirse en un ofrecimiento interior –antes se llamaba ofertorio– de la propia vida, con el deseo y la petición de que Jesús la una a su entrega al Padre. Los laicos ejercen así el sacerdocio real o común recibido en el Bautismo. Este es el sentido que tiene la procesión de las ofrendas en las Misas con pueblo y la presentación del pan y el vino que hace el celebrante.

El sacerdote, mientras eleva la patena y el cáliz, dice una oración de bendición, que se inspira en la que recitaban y rezan aún hoy nuestros hermanos mayores, los judíos, en la cena del «shabat» o pascual semanal. Este gesto de elevar el pan y el vino ofreciéndolo a Dios para recibirlo de Él, expresa nuestro agradecimiento al Señor por habernos regalado toda la creación y haber escogido el pan y el vino, para hacerse presente y dársenos como alimento celestial. En estos elementos, lo principal es lo que pone Dios, que los creó y nos da la tierra, la lluvia y el sol para que tengamos el trigo y la vid; pero en el pan y el vino está también presente nuestra aportación, y por eso decimos que son fruto de la tierra y del trabajo del hombre. Por eso, este es el momento de «ofrecer» nuestra vida entera.

Cada fiel puede unirse a la oración del celebrante diciéndole a Jesús que le ofrece lo que es y lo que tiene, sus pensamientos, palabras, obras, deseos, penas, dolores, ilusiones, tristezas, alegrías... También puede aprovechar este momento para poner delante de Jesús sus peticiones por la conversión de los pecadores, la paz del mundo, el amor en las familias y todas las necesidades que se le ocurran. Hay cristianos que ponen toda esta carga de afanes e intenciones en manos de su ángel de la guarda para que él las acerque al altar.

Las gotas de agua que el sacerdote añade al vino, antes de ofrecerlo, representan nuestra pobre aportación a la ofrenda que Cristo presenta al Padre en la Cruz. Así como esas gotas de agua son absorbidas y se convierten en vino, todo lo que ponemos en la patena y el cáliz será tomado por Jesús que lo unirá a sí mismo para ofrecerse al Padre con su Cuerpo Místico, que es la Iglesia.

Mientras añade un poco de agua al vino, el celebrante reza en secreto: «Por el misterio de esta agua y este vino, haz que compartamos la divinidad de quien se ha dignado participar de nuestra humanidad»[60]. Nosotros nos unimos a esta petición del sacerdote, que la recita en plural, como representante nuestro ante el Señor. El

---

[60] *Misal Romano*, 3ª edición en lengua española, p. 447.

agua simboliza también la naturaleza humana de Jesucristo y el vino, su divinidad.

En las Misa con pueblo, los dones del pan y del vino, que representan el ofrecimiento de la Iglesia y su oración, se pueden incensar. La subida del humo del incienso simboliza la entrada de todas esas ofrendas y peticiones en la presencia de Dios.

El sacerdote, inclinado profundamente, reza en voz baja: «Acepta, Señor, nuestro corazón contrito y nuestro espíritu humilde; que este sea hoy nuestro sacrificio y que sea agradable en tu presencia, Señor, Dios nuestro»[61]. Esta oración también está en plural, para invitar a los fieles a rezarla por dentro con el sacerdote. Podemos aprovecharla para pedir un corazón humilde, como el rey David: *Un corazón quebrantado y humillado, tú, oh Dios, tú no lo desprecias*[62]. Esta llamada a la contrición despierta en nosotros la necesidad de que el Señor purifique nuestro interior. De ahí el rito del lavado de las manos, que simboliza nuestros deseos de acercarnos limpios al milagro de la Eucaristía.

Ahora el celebrante extiende las manos y, mirando al pueblo, les invita a orar y a ofrecer el sa-

---

[61] *Ibídem*, p. 448.
[62] *Sal* 51 (50), 19.

crificio de toda la Iglesia, unidos a él[63]. El diverso modo de ofrecer el sacrificio –mío y vuestro– se debe a que el celebrante confecciona y ofrece el sacrificio en virtud de su sacerdocio ministerial; el pueblo, en cambio, lo ofrece por el sacerdocio común recibido en el Bautismo.

Los fieles, puestos en pie, responden: «El Señor reciba de tus manos este sacrificio, para alabanza y gloria de su nombre, para nuestro bien y el de toda su santa Iglesia»[64]. En estas palabras está el sentido de la Misa: alabar y dar gloria a Dios y santificar a todos los hombres.

A punto de comenzar la Plegaria eucarística, corazón de la Misa, los bautizados son llamados a mantener durante toda la celebración «la conciencia del acto de presentar las ofrendas»[65]. Cada cristiano ha recibido en el Bautismo una participación en el sacerdocio de Jesucristo que le convierte en sacerdote de su propia existencia. Y ahora, en la Misa, ejerce ese sacerdocio común al ofrecer a Jesús y ofrecerse con Él. Este ofrecimiento le compromete a buscar, durante todo el día, a Jesús, como fuente que inspira su modo de orar, trabajar, estar en familia, descansar, ayudar

---

[63] *Misal Romano,* 3ª edición en lengua española, p. 448.
[64] *Ibídem.*
[65] Juan Pablo II, Carta apost. *Dominici Cenae,* 24-II-1980, nº 9.

a los demás, etc. La Misa nos da fuerza para poner a Jesús en el centro de todos nuestros pensamientos, palabras y acciones, de manera que siempre busquemos agradarle.

La Presentación de las ofrendas termina con la «oración sobre las ofrendas». Dentro de poco, Dios va a convertir las ofrendas de pan y vino, a las que hemos unido nuestras vidas, en el Cuerpo y la Sangre de Jesucristo. A la espera de ese milagro, con esta oración solemos suplicar al Señor que santifique las ofrendas que le hemos presentado para que sean agradables a sus ojos y nos obtengan la gracia de Dios. Esta oración sirve así de puente de unión entre la Presentación de los dones y la Plegaria eucarística.

Liturgia eucarística.
Plegaria eucarística

Esta gran oración de agradecimiento y alabanza a Dios es centro de la Misa. Su origen está en la oración de Jesús durante la Última Cena. Es como un cofre de oro que guarda la gema más preciosa: el relato de la institución de la Eucaristía. La Iglesia conserva las palabras divinas de la consagración, no como unos sonidos mágicos que producen un milagro, sino como el núcleo de una oración más extensa, la Plegaria eucarística, en la que Jesucristo se hace realmente presente, bajo las especies de pan y vino, para ofrecerse y ofrecernos con Él por la salvación del mundo.

En esta Plegaria escuchamos al sacerdote, pero verdaderamente es el mismo Jesucristo, Cabeza de la Iglesia, quien la dirige al Padre, en el Espíritu Santo. Su oración es también acción divina con la que Jesús renueva el ofrecimiento de su vida. De ahí que nuestra alma, encendida la fe por la Palabra de Dios, despliegue ahora todas sus antenas para captar la riqueza de esta oración de Jesús. Así nos unimos a sus sentimientos e intenciones, y la Eucaristía modela entonces nuestra vida según los acordes que salen del corazón amoroso de Cristo: acción de gracias, alabanza, adoración, don de sí, súplica...

El Misal Romano, además de las de los niños, ofrece cuatro Plegarias eucarísticas principales, otras dos llamadas «de la Reconciliación» para ocasiones especiales y otras cuatro para diversas circunstancias. Todas ellas tienen los siguientes elementos:

a) Acción de gracias y aclamación.

b) Las dos invocaciones para implorar la fuerza del Espíritu Santo[66].

---

[66] Excepto en la Plegaria eucarística I, o Canon romano.

c) El relato de la Institución de la Eucaristía y la Consagración.

d) El memorial del Misterio Pascual y el ofrecimiento de la Víctima.

e) Las intercesiones y la glorificación final de la Trinidad.

a) Acción de gracias y aclamación

La Plegaria eucarística arranca con una Acción de gracias porque así oró Jesús en la Cena Pascual en la que instituyó la Eucaristía: *Y, tomando pan, después de pronunciar la acción de gracias, lo partió...*[67]. La Acción de gracias inicial –llamada también Prefacio– comienza con un diálogo entre el celebrante y los fieles. Sigue el canto exultante de agradecimiento, y concluye con una aclamación a Dios, en la que la Iglesia que peregrina en la tierra se une a la Iglesia triunfante en un himno de alabanza y adoración: *Santo, Santo, Santo*.

El diálogo se inicia con el saludo habitual del celebrante con las manos extendidas para hacer conscientes a los asistentes de la presencia de Dios en medio de ellos. Después, el sacerdote eleva los brazos y nos invita a levantar nuestro corazón hacia Dios, es decir, a orar. El corazón

---

[67] *Lc* 22, 19.

designa aquí «ese centro del hombre en el que se unen el intelecto, la voluntad y el sentimiento, el cuerpo y el alma»[68]. Hemos de recibir estas palabras del celebrante como una invitación a recogernos para que nuestra mirada interior se centre en la Plegaria eucarística.

«¿Qué significa "levantar el corazón"? Significa poner la esperanza en Dios, no en ti, ya que tú estás abajo, mientras que Él está arriba. Si depositas tu esperanza en ti mismo, tu corazón está abajo, no en lo alto. Por eso cuando escuchéis al sacerdote decir "levantemos el corazón", responded: "lo tenemos levantado hacia el Señor". Empeñaos en que vuestra respuesta sea sincera»[69]. Esta invitación es una manera de animarnos a pedir ayuda a Dios para que eleve hacia Él nuestro corazón y lo mantenga así durante toda la Misa.

El sacerdote, con las manos extendidas, añade: «Demos gracias al Señor, nuestro Dios». Estas palabras están inspiradas en la oración de los ancianos, representantes del pueblo, que recoge el libro del Apocalipsis: *Y los veinticuatro ancianos que están sentados delante de Dios cayeron rostro a tierra y adoraron a Dios, diciendo: «Gracias te damos, Señor Dios*

---

[68] Benedicto XVI, Homilía en la Misa del Domingo de Ramos, 17-IV-2011.

[69] S. Agustín, *Sermo 229*, en *Obras completas de S. Agustín*, BAC 24, 297.

omnipotente, el que eres y el que eras, porque has asumido tu gran poder para establecer tu reinado»[70]. El pueblo contesta: «Es justo y necesario». Se adhiere así a la acción de gracias del celebrante que retoma estas palabras del pueblo, al decir: «En verdad es justo y necesario...».

El Prefacio tiene tres partes. En la primera, el celebrante declara que nuestra tarea principal es dar gracias a Dios Padre por Cristo, Señor nuestro. «La Iglesia está llamada a recordar a los hombres esta gran verdad. Es urgente hacerlo sobre todo en nuestra cultura secularizada, que respira el olvido de Dios y cultiva la vana autosuficiencia del hombre»[71].

En la segunda parte o cuerpo del Prefacio, la Iglesia muestra el motivo especial de ese día para dar gracias al Padre. Es aconsejable leer y meditar esta parte del Prefacio porque, de maneras diversas, aparecen aquí las grandes obras de la Trinidad a favor de los hombres: la creación, la redención y la santificación, atribuidas a cada una de las Personas divinas.

La tercera parte del Prefacio es una invitación a unirnos a la incesante alabanza a Dios de los

---

[70] *Ap* 11, 16-17.
[71] San Juan Pablo II, Carta apostólica *Mane nobiscum Domine*, 7-X-2004, nº 26.

ángeles y los santos en el cielo. Esta llamada está dirigida no solo a la comunidad que asiste a Misa, sino a la Iglesia, portavoz en este momento de todas las criaturas, como canta el Prefacio de la Plegaria eucarística IV: «Por eso, innumerables ángeles en tu presencia, contemplando la gloria de tu rostro, te sirven siempre y te glorifican sin cesar. Y con ellos también nosotros, llenos de alegría, y, por nuestra voz, las demás criaturas, aclamamos tu nombre cantando: Santo...»[72].

En la tercera y última edición del Misal Romano aparecen noventa y ocho Prefacios, un tesoro para enriquecer nuestra acción de gracias a Dios. Así sintonizamos nuestra oración personal con el matiz que la Iglesia quiere dar a su acción de gracias ese día. A veces el Prefacio hace referencia al tiempo litúrgico de ese momento; otras, a las fiestas de Jesucristo, de la Virgen o de los santos en cuyo honor celebramos la Eucaristía, o a circunstancias especiales, como las Misas por los difuntos, etc. Además, cada cristiano puede añadir sus motivos personales de gratitud a Dios.

El Prefacio culmina con el canto del «Santo». El celebrante y los fieles, unidos a los ángeles y santos, adoran a Dios uno y trino. La primera

---

[72] *Misal Romano,* 3ª ed. en lengua española, p. 558.

parte está tomada del himno de los serafines que recoge el profeta Isaías cuando describe una visión de la gloria de Dios en el Templo de Jerusalén: *El año de la muerte del rey Ozías, vi al Señor sentado sobre un trono alto y excelso: la orla de su manto llenaba el templo. Junto a él estaban los serafines, cada uno con seis alas: con dos alas se cubrían el rostro, con dos el cuerpo, con dos volaban, y se gritaban uno a otro diciendo: «¡Santo, santo, santo es el Señor del universo, llena está la tierra de su gloria!»*[73].

La segunda parte del «Santo» es la aclamación que recibe Jesús al entrar en Jerusalén por el monte de los Olivos, antes de la Pasión: *Y la gente que iba delante y detrás gritaba: «¡Hosanna al Hijo de David! ¡Bendito el que viene en nombre del Señor! ¡Hosanna en las alturas!»*[74]. La expresión «el que viene» designa al Mesías. La palabra «Hosanna», de origen griego, entró en la lengua hebrea para manifestar primero una petición de ayuda y, más adelante, gozo y alegría por la venida del Salvador. Con el paso de los siglos, esta palabra se llenó de entusiasmo y agradecimiento al Señor y por eso no se traduce. Ahora, la glorificación de Dios se centra en el Hijo, enviado por el Padre para salvarnos. Cantar *Bendito el que viene en nombre del Se-*

---

[73] *Is* 6, 1-4.
[74] *Mt* 21, 9.

ñor nos prepara para acoger y adorar a Jesús que está a punto de llegar al altar.

Al cantar el «Santo» nos asomamos al cielo para unir nuestras voces a las de los ángeles y santos que alaban a Dios. La primera oración de la Plegaria eucarística es una acción de gracias a Dios Padre que ahora, con el «Santo», se prolonga en adoración. El Concilio Vaticano II nos recuerda que, al celebrar o asistir a Misa, paladeamos por adelantado la alegría de participar en la alabanza y adoración que los ángeles y santos tributan a Dios en el cielo, hacia donde «nos dirigimos como peregrinos, y donde Cristo está sentado a la diestra de Dios»[75].

Podemos aprovechar este momento para hacer un profundo acto de adoración a cada una de las tres Personas del Único Dios, al Padre por habernos creado, al Hijo por haberse hecho hombre para salvarnos y al Espíritu Santo porque nos va a traer a Jesús al altar. Adorar es reconocer que todo lo que tenemos lo hemos recibido de Dios. El *Catecismo de la Iglesia Católica* explica que «la adoración es la primera actitud del hombre que se reconoce criatura ante su Creador. Exalta la grandeza del Señor que nos ha hecho y la omnipotencia del Salvador que nos libera del mal. Es la acción de humillar el espíritu ante el "Rey de la gloria" y el

---

[75] Concilio Vaticano II, Const. *Sacrosanctum Concilium*, nº 8.

silencio respetuoso en presencia de Dios "siempre mayor". La adoración de Dios tres veces santo y soberanamente amable nos llena de humildad y da seguridad a nuestras súplicas»[76].

b) Las dos invocaciones al Espíritu Santo

En todas las intervenciones de Dios en la historia de los hombres está presente el Espíritu Santo. Al comienzo de la creación del mundo, *el espíritu de Dios se cernía sobre la faz de las aguas*[77]. El Espíritu Santo es soplo divino –el Señor *insufló en su nariz aliento de vida*[78]–, que plasma al ser humano a imagen y semejanza de Dios. Cuando llega la plenitud de los tiempos, el ángel Gabriel anuncia a María: *El Espíritu Santo vendrá sobre ti, y la fuerza del Altísimo te cubrirá con su sombra; por eso el Santo que va a nacer será llamado Hijo de Dios*[79]. Al inicio de su vida pública, *apenas se bautizó Jesús, salió del agua; se abrieron los cielos y vio que el Espíritu de Dios bajaba como una paloma y se posaba sobre él*[80]. Y, a continuación, es el Espíritu Santo quien lleva a Jesús al desierto[81].

---

[76] *CEC*, n° 2628.
[77] *Gn* 1, 2.
[78] *Gn* 2, 7.
[79] *Lc* 1, 35.
[80] *Mt* 3, 16.
[81] Cfr. *Mt* 4, 1.

Cuando llega el momento supremo de la Cruz, el Espíritu Santo enciende en el alma de Jesús el fuego de un amor abrasador, que le impulsa a entregar su vida para salvarnos. Cincuenta días después de la resurrección de Cristo, el Espíritu Santo, enviado por el Padre y el Hijo, desciende en forma de lenguas de fuego sobre los apóstoles, y los transforma en hombres nuevos. Comienza así su camino la Iglesia de Cristo, guiada por el Espíritu Santo, que la extiende por todo el mundo por medio de la predicación de los apóstoles y el testimonio de los primeros cristianos.

En la Misa, antes y después del relato de la Institución, interviene el Espíritu Santo. «La Iglesia pide al Padre que envíe su Espíritu Santo sobre el pan y el vino, para que se conviertan, por su poder, en el Cuerpo y la Sangre de Jesucristo (...). La fuerza de las palabras y de la acción de Cristo y el poder del Espíritu Santo hacen sacramentalmente presentes, bajo las especies de pan y de vino, su Cuerpo y su Sangre, su sacrificio ofrecido en la cruz de una vez para siempre»[82].

En la Plegaria eucarística III, en la oración que sigue a la acción de gracias, el celebrante manifiesta que el Padre santifica todo «por Jesu-

---

[82] *Ibídem.*

cristo, tu Hijo, Señor nuestro, con la fuerza del Espíritu Santo»[83].

En la Misa, por tanto, tiene lugar una efusión del Espíritu Santo, cuya importancia captan las personas más cercanas a Dios. «Me viene a la mente considerar hasta qué punto será extraordinariamente importante y abundantísima la acción del Divino Paráclito, mientras el sacerdote renueva el sacrificio del Calvario, al celebrar la Santa Misa en nuestros altares»[84].

Antes de la Consagración, «la Iglesia implora la fuerza del Espíritu Santo para que los dones que han presentado los hombres queden consagrados, es decir, se conviertan en el Cuerpo y la Sangre de Cristo»[85]. Esta oración va acompañada por un gesto especial: el sacerdote extiende las manos sobre las ofrendas. Este gesto es el que se emplea, desde los inicios de la Iglesia, para pedir la venida del Espíritu Santo sobre los que van a recibir la Confirmación, o el sacramento del Orden, como se lee en el libro de los Hechos de los Apóstoles[86].

En la Plegaria eucarística I, cuando el sacerdote extiende sus manos sobre los dones, reza la ora-

---

[83] *Misal Romano*, P.E. III.
[84] San Josemaría Escrivá, *Es Cristo que pasa*, nº 130, *in fine*.
[85] *OGMR*, nº 79, c).
[86] Cfr. *Hch* 6, 6; 8, 17.

ción «Bendice y santifica», en la que pide al Padre que haga espiritual esa ofrenda (el pan y el vino) para que se convierta en el Cuerpo y la Sangre de Jesucristo. Aunque no se menciona expresamente al Espíritu Santo, las palabras iniciales –bendice y santifica– y el ruego de que «espiritualice» la ofrenda, aluden a la acción santificadora y transformante del Espíritu Santo sobre el pan y el vino. En esta Plegaria, hemos de estar especialmente atentos a esta oración que precede al relato de la institución de la Eucaristía, para que no se nos escape que el Espíritu Santo, con la fuerza de las palabras de Cristo, es quien trae a Jesús sobre el altar para ofrecerse por nosotros.

En las restantes Plegarias eucarísticas se nombra expresamente al Espíritu Santo. Con palabras parecidas, el celebrante ruega al Padre que envíe su Espíritu sobre las ofrendas, es decir, que las santifique, para que se conviertan en el Cuerpo y la Sangre de Jesucristo. Hay una oración en la Misa del último domingo de Adviento que dice así: «El mismo Espíritu, que colmó con su poder las entrañas de Santa María, santifique, Señor (se refiere al Padre), estos dones, que hemos colocado sobre tu altar»[87].

---

[87] *Misal Romano,* oración sobre las ofrendas del Domingo IV de Adviento.

Esta oración compara la acción del Espíritu Santo en la Encarnación con lo que realiza en la Misa. El mismo Espíritu que hace bajar al Hijo de Dios a las entrañas virginales de María, lo trae al altar escondido bajo las apariencias de pan y vino.

Esta manifestación del Espíritu Santo en la Misa es invisible para nuestros ojos, pero no para una mirada de fe. El Espíritu Santo obra en silencio y le gusta ocultarse. Es discreto[88]. Precisamente por esta característica de su obrar, nuestra atención en este momento de la Misa debe ser máxima, para agradecerle el milagro de la Eucaristía, pues, gracias a su acción santificante sobre las ofrendas, Jesús se hace realmente presente en el altar.

En los otros sacramentos, el Espíritu Santo desciende sobre el agua o el aceite y da a estos elementos materiales, por la eficacia de las palabras de Cristo que les acompañan, la fuerza para que nos toque la acción salvadora de Jesús. Pero, en el caso de la Eucaristía, el Espíritu Santo nos trae al mismo Cristo, verdadero Dios y verdadero Hombre, sobre el altar, oculto bajo las especies de pan y vino. Por eso la Eucaristía es la cumbre hacia la que tienden los demás sacramentos.

---

[88] Cfr. *CEC*, nº 687.

Después de la Consagración, la Iglesia vuelve a implorar la fuerza del Espíritu Santo «para que la Víctima inmaculada que se va a recibir en la Comunión sea para salvación de quienes la reciban»[89]. En la Plegaria eucarística I tampoco ahora se nombra al Espíritu Santo expresamente, sino que pedimos al Padre que «cuantos recibimos el Cuerpo y la Sangre de tu Hijo, al participar aquí desde este altar, seamos colmados de gracia y bendición»[90]. El celebrante, inclinado, reza esta oración con las manos juntas y, al incorporarse, hace sobre sí mismo la señal de la cruz. Este gesto nos recuerda que los dones que se piden para los que van a recibir el Cuerpo y la Sangre de Cristo –gracia y bendición– los consiguió Jesús en la cruz y ahora los comunica el Espíritu Santo.

En las demás Plegarias eucarísticas se pide al Padre que envíe el Espíritu Santo para que una a Jesucristo a los fieles que van a comulgar con su Cuerpo y su Sangre. «Concede (Padre) a cuantos compartimos este pan y este cáliz que, congregados en un solo cuerpo por el Espíritu Santo, seamos en Cristo víctima viva para alabanza de tu gloria»[91]. «Te pedimos humildemente (Padre) que

---

[89] *OGMR*, nº 79, c).
[90] *Misal Romano,* P.E. I.
[91] *Misal Romano,* P.E. IV.

el Espíritu Santo congregue en la unidad a cuantos participamos del Cuerpo y la Sangre de Cristo»[92]. «Fortalecidos con el Cuerpo y la Sangre de tu Hijo y llenos de su Espíritu Santo, formemos en Cristo un solo cuerpo y un solo espíritu»[93].

En la Misa, se invoca al Espíritu Santo no solo para que traiga a Jesús a las ofrendas de pan y vino y las convierta en el Cuerpo y la Sangre de Cristo, sino también para que transforme a los que van a recibir a Jesús en «otros cristos», es decir, para que la vida de Jesús entre en ellos y verdaderamente cambie su corazón y su mente y se vayan pareciendo cada vez más a Jesús. En esto consiste la santidad a la que todos los bautizados estamos llamados.

c) El relato de la institución y la consagración

Es el momento culminante de la Misa. La invocación al Espíritu Santo y la fuerza divina de las palabras de la consagración traen a Jesucristo al altar, bajo las apariencias de pan y de vino.

Las distintas Plegarias eucarísticas recogen los elementos esenciales de la institución de la Eucaristía: los gestos de Jesús, que el sacerdote repro-

---

[92] *Misal Romano,* P.E. II.
[93] *Misal Romano,* P.E. III.

duce, y las palabras de la consagración. Los gestos de Jesús, con mínimas variaciones en cada Plegaria eucarística, se describen así para la consagración del pan: «tomó pan, y dando gracias lo bendijo, lo partió y lo dio a sus discípulos, diciendo»[94]; y para la consagración del vino: «tomó el cáliz, dando gracias te bendijo y lo pasó a sus discípulos, diciendo»[95].

La Plegaria eucarística primera incluye un detalle sobre la mirada de Jesús: «elevando los ojos al cielo, hacia ti, Dios, Padre suyo todopoderoso»[96], que el celebrante imita. La expresión «elevando los ojos al cielo» aparece en la multiplicación de los panes[97] y en otros momentos en que Jesús ora al Padre, como cuando va a resucitar a Lázaro[98], o antes de comenzar la oración sacerdotal, durante la Última Cena[99]. Esas palabras animan a los fieles, unidos al sacerdote, a poner los ojos del alma en las palabras de la Consagración, que traerán a Jesús a la tierra.

Toda la Plegaria eucarística es oración, porque la institución de la Eucaristía realizada por Jesu-

---

[94] *Misal Romano,* P.E. 3ª.
[95] *Ibídem.*
[96] *Misal Romano,* P.E. 1ª.
[97] Cfr. *Mc* 6, 41.
[98] Cfr. *Jn* 11, 41.
[99] Cfr. *Jn* 17, 1.

cristo en la Última Cena fue oración de acción de gracias y alabanza al Padre. Tanto el relato de los gestos de Jesús como las palabras de la consagración no son «palabras aisladas de autoridad, que quizá interrumpirían la oración. Son oración. Y solamente en la oración se realiza el acto sacerdotal de la consagración»[100]: la sustancia del pan y del vino se convierte en la sustancia del Cuerpo y de la Sangre de Jesucristo. Esta milagrosa conversión se llama «transustanciación».

En este momento de la Misa, los fieles se concentran para unirse a la adoración del celebrante cuando eleva la sagrada Forma y el Cáliz que contienen el Cuerpo y la Sangre de Jesús, con todo su ser de Dios y hombre. En el clamoroso silencio de la iglesia, cada asistente puede decir a Jesús desde su corazón las palabras del apóstol Tomás en la segunda aparición del Resucitado: *¡Señor mío y Dios mío!*[101]. Algunos cristianos recitan, sin que salgan de su boca, las primeras palabras del himno eucarístico de santo Tomás: «Te adoro con devoción, Dios escondido». Hay quien le pide a Jesús: «Señor, auméntanos la fe, la esperanza y el amor». Otros aprovechan estos instantes de cielo para unirse al ofrecimiento de sí mismo que hace Jesús

---

[100] Benedicto XVI, Homilía de la Misa *in cena Domini*, 9-IV-2009.
[101] *Jn* 20, 28.

al Padre, como representantes de todas las criaturas que no pueden conocer a su Creador.

Dios Uno y Trino es Amor. Por la fuerza infinita de ese amor, el Hijo tomó nuestra carne para salvarnos. Del corazón de Cristo salió en la Última Cena una larga oración de agradecimiento y alabanza al Padre que transformó el sentido de la muerte que estaba a punto de sufrir: Jesús convierte la violencia que va a padecer en un acto de donación por el que nos entrega su vida.

En la Última Cena, Jesús anticipa de manera sacramental la entrega de su vida en el Calvario. Por eso las palabras divinas de la consagración hacen referencia al Cuerpo de Jesucristo, «que será entregado por vosotros»[102], y a su Sangre, «que será derramada por vosotros y por muchos para el perdón de los pecados»[103]. «Durante la cena, Jesús se inmoló a sí mismo; en la cruz Él fue inmolado por los otros»[104].

En esa primera transformación, Jesús acepta voluntariamente la violencia de una pasión horrorosa para transformarla en un acto de amor-donación, de una intensidad tal, que vence a la muerte y, al resucitar, estrena una vida inédita: la de su

---

[102] *Misal Romano.*
[103] *Ibídem.*
[104] San Efrén de Siria, *Himno sobre la crucifixión*, 3, 1.

naturaleza humana divinizada. De ahí surgen las demás transformaciones como una cadena de explosiones amorosas[105]. Este Jesús, escondido bajo las apariencias de pan y vino, que ahora es elevado por el celebrante, viene a nosotros para transformar nuestra vida, insuflando en ella la suya. *El que come mi carne y bebe mi sangre tiene vida eterna, y yo lo resucitaré en el último día*[106].

Este cristiano, transformado por la misma vida de Cristo, recibe en su alma el incendio del amor divino. El contacto –la comunión– con Jesús le saca de su egoísmo, para seguir los pasos de Jesús. Aprende así a amar dándose a los demás, de manera que no vive para sí, sino para los otros por amor a Dios, hasta poder decir con san Pablo: *Vivo, pero no soy yo el que vive, es Cristo quien vive en mí*[107].

La consagración y elevación del Cuerpo y la Sangre de Cristo detiene el tiempo. Nuestro corazón y nuestra mente necesitan pararlo para descargar todos los afectos, expresiones de amor y peticiones que brotan de dentro. Agradecemos, adoramos, pedimos, consolamos, alabamos... siempre con la impresión de que *no sabemos pedir*

---

[105] Cfr. Homilía de Benedicto XVI en Marienfeld, 21-VIII-2005, durante la JMJ de Colonia.
[106] *Jn* 6, 54.
[107] *Ga* 2, 20.

como conviene, pero el Espíritu mismo intercede por nosotros con gemidos inefables[108]. Nos trasladamos al Calvario, de la Cruz pasamos al sepulcro vacío y a Jesús glorioso, exultante, vencedor.

Con el paso de los años cada uno modela un modo personalísimo de vivir junto al Señor estos acontecimientos en la frontera de su vida temporal y su glorificación eterna. Poco a poco entendemos lo que escribe san Pablo a nuestros hermanos de Colosas: *Vuestra vida está escondida con Cristo en Dios*[109]. Y soñamos con el momento en que podamos ver su rostro. *Cuando aparezca Cristo, vida vuestra, entonces también vosotros apareceréis gloriosos, juntamente con él*[110]. Lo de ahora es un anticipo.

De los gestos y palabras de Jesús en la consagración, podemos extraer algunas características de la vida del discípulo de Cristo[111]:

a') *Dando gracias, te bendijo*. Al captar lo que hace Dios por nosotros, respondemos con acciones de gracias: una vida agradecida.

b') *Tomad y comed; tomad y bebed*. La completa entrega de Jesús nos inspira una vida atenta

---

[108] *Rm* 8, 26.

[109] *Col* 3, 3.

[110] *Col* 3, 4.

[111] Cfr. San Juan Pablo II, *Carta a los sacerdotes con ocasión del Jueves Santo*, 13-III-2005.

a las necesidades de los demás: una vida entregada.

c') *Por vosotros y por muchos*. Una vida de apóstoles, con el alma ardiendo en el mismo fuego que la de Jesús: salvar almas, ofrecer a los demás el calor del ejemplo y de la amistad para que descubran la alegría de disfrutar del amor de Dios.

d) Memorial del misterio y ofrecimiento de la víctima

Después de la adoración de la Sangre de Cristo contenida en el cáliz, el celebrante dice: «Este es el misterio de la fe», u otra fórmula similar, y el pueblo responde: «Anunciamos tu muerte, proclamamos tu resurrección. ¡Ven, Señor Jesús!»[112]. Resuenan en esta contestación unas palabras de san Pablo en su primera Carta a los fieles de Corinto: *Cada vez que coméis de este pan y bebéis del cáliz, proclamáis la muerte del Señor, hasta que vuelva*[113]. Con aquella aclamación, los fieles confiesan su fe: el Jesús que está ahora sobre el altar es el mismo que murió en el Calvario y resucitó al tercer día,

---

[112] *Misal Romano,* versión en castellano de la tercera edición típica latina, pág. 533.

[113] *1 Co* 11, 26.

el Hijo de Dios hecho Hombre, vencedor de la muerte, que nos ha salvado del pecado. Con la expresión «¡Ven, Señor Jesús!» muestran su ardiente deseo del retorno glorioso del Redentor al final de los tiempos.

Después, el sacerdote prosigue: «Así pues, Padre, al celebrar ahora el memorial de la pasión salvadora de tu Hijo, de su admirable resurrección y ascensión al cielo, mientras esperamos su venida gloriosa, te ofrecemos, en esta acción de gracias, el sacrificio vivo y santo»[114]. En esta oración hay dos palabras que deben hacer saltar nuestro corazón: «memorial» y «te ofrecemos».

La palabra «memorial» procede de «memoria», la facultad que nos permite recordar, traer de nuevo a nuestro corazón –re-cordari–, a nuestro mundo interior, acontecimientos pasados. Pero memorial es algo más que recordar. «La Liturgia cristiana no solo recuerda los acontecimientos que nos salvaron, sino que los actualiza, los hace presentes»[115]. En este sentido, se podría decir que «memorial» es el modo de recordar de Dios, para quien no hay pasado ni futuro, pues todo está en presente.

«Al celebrar ahora el memorial de la pasión salvadora de tu Hijo, de su admirable resurrección y

---

[114] *Misal Romano,* P.E. III.
[115] *CEC,* nº 1104.

ascensión al cielo, mientras esperamos su venida gloriosa»[116], nos permite entrar en comunión con estos acontecimientos salvadores, porque Dios Espíritu Santo los ha hecho presentes, en nuestro «ahora». «El Misterio pascual de Cristo (pasión, resurrección, ascensión) se celebra, no se repite; son las celebraciones las que se repiten; en cada una de ellas tiene lugar la efusión del Espíritu Santo que actualiza el único Misterio»[117].

El Jueves Santo, en la «Misa de la Cena del Señor», el celebrante introduce así las palabras de la consagración: «El cual (Jesucristo), hoy, la víspera de padecer por nuestra salvación y la de todos los hombres, tomó pan...»[118]. Este «hoy», que siempre nos sorprende, lo explica el papa san León Magno: «Todo lo que era visible en Cristo ha pasado a los Sacramentos»[119]. Esto es obra del Espíritu Santo, del cual dijo Jesús: *El Paráclito, el Espíritu Santo, que enviará el Padre en mi nombre, será quien os lo enseñe todo y os vaya recordando todo lo que os he dicho*[120].

Durante la Misa, por tanto, somos contemporáneos de los misterios de nuestra salvación –la pa-

---

[116] *Misal Romano*, P.E. III.
[117] *Ibídem*.
[118] *Misal Romano*, P.E. I, Misa de la Cena del Señor.
[119] San León Magno, *Sermo 2 de Ascensione Domini*, 1-4; CCL, 138 A, pág. 457.
[120] *Jn* 14, 26.

sión, muerte, resurrección y ascensión del Señor Jesús– por la acción del Espíritu Santo. ¿Cómo es posible que unas acciones históricas como son estos misterios o escenas de la vida de Jesús, ancladas en un determinado tiempo –el siglo I– y lugar –Palestina–, y por tanto pertenecientes ya al pasado, puedan hacerse presentes de modo sacramental ante nosotros cuando se celebra la Eucaristía?

La respuesta está en el Catecismo de la Iglesia Católica, en un párrafo que explica magistralmente cómo es esta «memoria» de Dios, llamada memorial de la Pascua del Señor. «Cristo, cuando llegó su Hora, vivió el único acontecimiento de la historia que no pasa: Jesús muere, es sepultado, resucita de entre los muertos y se sienta a la derecha del Padre «una vez por todas». Es un acontecimiento real, sucedido en nuestra historia, pero absolutamente singular: todos los demás acontecimientos suceden una vez, y luego pasan y son absorbidos por el pasado. El misterio pascual de Cristo, por el contrario, no puede permanecer solamente en el pasado, pues por su muerte destruyó a la muerte, y todo lo que Cristo es y todo lo que hizo y padeció por los hombres participa de la eternidad divina y domina así todos los tiempos y en ellos se mantiene permanentemente presente»[121].

---

[121] *CEC*, nº 1085.

Las palabras que introducen la consagración del vino en la Plegaria eucarística I son: «Del mismo modo, acabada la cena, tomó este cáliz glorioso...»[122]. El adjetivo «este» se refiere al cáliz con el que Cristo consagró el vino. La celebración de la Misa nos pone delante de la única entrega de sí mismo que hizo Jesús en el Calvario, anticipada sacramentalmente en la Última Cena.

Escuchar la palabra «memorial» tiene que remover nuestro corazón para dar gracias a Dios por el grandioso milagro de la Misa: ser contemporáneos del misterio central de la vida de Jesús, el Misterio Pascual, con el que entramos en comunión porque se rompen «nuestras ataduras de tierra y de tiempo»[123].

La celebración del memorial de la pasión, muerte, resurrección y ascensión de Jesucristo trae la Víctima divina sobre el altar para que toda la Iglesia y, de manera particular, los que participan en la Misa puedan ofrecerla al Padre. «Te ofrecemos, en esta acción de gracias, el sacrificio vivo y santo».

En la Plegaria eucarística I, el celebrante reza después de la consagración: «Por eso, Padre, noso-

---

[122] *Misal Romano,* P.E. I.

[123] San Josemaría Escrivá, Homilía *Amar al mundo apasionadamente*, Pamplona, 8-X-1967.

tros tus siervos, y todo tu pueblo santo, al celebrar este memorial de la muerte gloriosa de Jesucristo, tu Hijo, nuestro Señor; de su santa resurrección del lugar de los muertos y de su admirable ascensión a los cielos, te ofrecemos, Dios de gloria y majestad, de los mismos bienes que nos has dado, el sacrificio puro, inmaculado y santo: pan de vida eterna y cáliz de eterna salvación»[124]. «La Iglesia, especialmente la reunida aquí y ahora, ofrece en este memorial al Padre, en el Espíritu Santo, la víctima inmaculada. La Iglesia pretende que los fieles no solo ofrezcan la Víctima inmaculada, sino que aprendan a ofrecerse a sí mismos»[125].

Al oír esas palabras «te ofrecemos», los fieles que asisten a Misa son llamados a ofrecer la Víctima, Jesucristo sobre el altar, a Dios Padre, unidos al que preside. Jesús quiere en cada Misa ofrecerse al Padre como sacrificio de salvación, acompañado por todos los miembros de su Cuerpo Místico, la Iglesia. Este es un momento importante para vivir la Misa como encuentro personal y como pueblo reunido, con Jesús. Podemos decirle ahora por dentro al Señor: «Jesús, toma mi trabajo, la lucha por sacar adelante a mi familia, el esfuerzo por mejorar en esta virtud y

---

[124] *Misal Romano,* Plegaria eucarística I.
[125] *OGMR*, n° 79, f).

en aquella otra, que Tú sabes que me faltan. Toma mis deseos de amarte sobre todas las cosas, de darte prioridad en mi vida de cada día. Toma todas las cosas que bullen dentro de mi corazón; te las ofrezco para que las unas a tu sacrificio y así las empapes de tu amor al Padre y a nosotros».

El momento culminante de un sacrifico es cuando se ofrece la víctima a Dios. Por eso, las palabras «te ofrecemos» deben disparar dentro de nuestra alma el resorte de unir nuestra vida entera, incluso nuestras faltas y omisiones, a la ofrenda que Jesús hace de sí mismo al Padre. Nos puede ayudar en este momento acordarnos de la Virgen María al pie de la Cruz, ofreciendo a su Hijo al Padre por la salvación de todos los hombres.

e) Intercesiones y glorificación final de la Trinidad

Después del «memorial» y del ofrecimiento que Jesús hace de sí mismo y de nosotros al Padre, el celebrante invoca al Espíritu Santo de nuevo para pedirle que nos una a Jesús para que «formemos en Cristo un solo cuerpo y un solo espíritu»[126]. Antes de la consagración, con una

---

[126] *Misal Romano,* P.E. III.

oración que Jesús hace suya y, por tanto, siempre se hace realidad, hemos suplicado al Espíritu Santo que santificara los dones del pan y del vino «de manera que se conviertan en el Cuerpo y la Sangre de Jesucristo»[127].

Ahora, con Jesús ya presente en el altar, necesitamos pedir al Espíritu Santo otro milagro: que al comulgar con el Cuerpo y la Sangre de Jesús, su vida de amor, de entrega alegre al querer del Padre, entre en nosotros y «nos transforme en ofrenda permanente»[128]. Jesús convirtió su vida en un obsequio a su Padre. No vivió para sí, sino para su Padre y para nosotros. No tuvo vida propia. Su vida fue llevar adelante los planes salvadores del Padre en favor nuestro. Nosotros queremos seguir sus pasos, pero solos no podemos. Por eso necesitamos en cada Misa pedir con fervor al Espíritu Santo que nos guíe para seguir las huellas de Jesús y gastar nuestra vida en servicio de Dios y los demás.

En todas las Plegarias eucarísticas, antes o después de la consagración, se nos invita a entrar en comunión de sentimientos con todos los santos del cielo. La Plegaria eucarística I reza así: «Reunidos en comunión con toda la Iglesia, veneramos

_____

[127] *Ibídem.*
[128] *Ibídem.*

la memoria, ante todo, de la gloriosa siempre Virgen María, Madre de Jesucristo, nuestro Dios y Señor; la de su esposo san José, la de los santos apóstoles y mártires Pedro y Pablo, Andrés y la de todos los santos; por sus méritos y oraciones concédenos en todo su protección»[129]. En estos momentos es como si se abriesen las cortinas que nos separan del cielo. Somos llamados a unirnos a la iglesia triunfante que alaba y adora incesantemente a Dios Uno en la Trinidad de Personas.

Es lógico que «ante todo» se mencione a la Virgen María, Madre de Dios y Madre nuestra, pues «Ella se halla junto a cada altar donde se celebra el memorial de la Pasión y Resurrección, ya que estuvo presente, adhiriéndose con todo su ser al designio del Padre, en el hecho históricosalvífico de la Muerte de Cristo»[130].

«La Iglesia ofrece el sacrificio eucarístico en comunión con la Santísima Virgen María y haciendo memoria de ella así como de todos los santos y santas. En la Eucaristía, la Iglesia, con María, está como al pie de la cruz, unida a la ofrenda y a la intercesión de Cristo»[131]. El realce que se da a María en esta oración nos trae a la mente el

---

[129] *Misal Romano,* P.E. 1.
[130] San Juan Pablo II, Alocución del Ángelus, 12-II-1984.
[131] *CEC,* n° 1370.

papel que, por querer de Dios, tuvo Ella en la salvación obrada por Jesús. Ella trajo al mundo al Salvador y a Ella encomendó Jesús a todos los hombres, representados por el apóstol Juan, cuando estaba a punto de expirar en la Cruz: *Mujer, ahí tienes a tu hijo*[132]. De ahí que, al escuchar el nombre de nuestra Madre con tanto honor, se eleve desde nuestro corazón una mirada de amor filial, con la petición de que nos enseñe a estar unidos a la ofrenda de su Hijo, como estuvo Ella al pie de la Cruz.

El nombre de san José, esposo de María, despierta en nosotros sentimientos de gratitud hacia ese hombre al que el mismo Dios confió el cuidado de Jesús y de su Madre. Nos imaginamos a los dos, de rodillas ante el altar, adorando a Jesús, como en Belén, y le pedimos a san José que nos contagie la delicadeza con que trató a Jesús, cuando lo tuvo en sus brazos y lo besó, alimentó y cuidó como el más amoroso de los padres.

La plegaria eucarística se abre ahora a las necesidades de todos los hombres, tanto vivos como difuntos. Esta súplica a Dios para pedir en favor de otro se llama «oración de intercesión». En el Antiguo Testamento encontramos muchos testimonios de este sendero de oración. Abrahán, por

---

[132] *Jn* 19, 26.

ejemplo, intercede ante Dios para evitar la destrucción de Sodoma de esta manera: *«Si hay cincuenta inocentes en la ciudad, ¿los destruirás y no perdonarás el lugar por los cincuenta inocentes que hay en él?»* (...). *El Señor contestó: «Si encuentro en la ciudad de Sodoma cincuenta inocentes, perdonaré a toda la ciudad en atención a ellos». «Y si faltan cinco para el número de cincuenta inocentes, ¿destruirás, por cinco, toda la ciudad?». Respondió el Señor: «No la destruiré, si es que encuentro allí cuarenta y cinco». Abrahán insistió: «Quizá no se encuentren más que cuarenta». Él dijo: «En atención a los cuarenta, no lo haré»* (...).

«¿Y si se encuentran treinta?». Él contestó: «No lo haré, si encuentro allí treinta» (...). *«¿Y si se encuentran allí veinte?». Respondió el Señor: «En atención a los veinte, no la destruiré»* (...). *«¿Y si se encuentran diez?». Contestó el Señor: «En atención a los diez, no la destruiré»*[133].

En el libro del Éxodo vemos a Moisés, ya anciano, que pide a Dios con los brazos levantados por Israel que, en esos momentos, libra una batalla decisiva para poder entrar en la tierra prometida. *Hizo Josué lo que le decía Moisés, y atacó a Amalec; entretanto, Moisés, Aarón y Jur subían a la cima del monte. Mientras Moisés tenía en alto las manos, vencía Israel; mientras las tenía bajadas, vencía Ama-*

---

[133] *Gn* 18, 24.26.28-33.

lec. Y, como le pesaban los brazos, sus compañeros to-maron una piedra y se la pusieron debajo, para que se sentase; mientras, Aarón y Jur le sostenían los brazos, uno a cada lado. Así resistieron en alto sus brazos hasta la puesta del sol. Josué derrotó a Amalec y a su pue-blo[134]. Las manos en alto de Moisés nos recuer-dan los brazos de Jesús alzados y clavados en la cruz para interceder por nosotros.

Intercede también la reina Esther con una im-presionante oración al Señor antes de presen-tarse, con riesgo de su vida, ante el rey Asuero, para evitar que Amán acabe con su pueblo[135]. Y en los albores del cristianismo vemos a Esteban interceder ante Dios pidiendo por los que le ape-dreaban[136]. Pero nuestro modelo en esta oración es Jesús resucitado del que la Carta a los Hebreos dice que *está siempre intercediendo por nosotros*[137].

En la Plegaria eucarística IV podemos apreciar el despliegue de esta oración de intercesión por los vivos y los difuntos. En primer lugar, la Iglesia intercede por los ministros ordenados: el papa, vicario de Cristo, los obispos, sucesores de los apóstoles, los sacerdotes, colaboradores de los obispos, y finalmente los diáconos. Después viene

---

[134] *Ex* 17, 10-14.
[135] *Est* 4 y 5.
[136] *Hch* 7, 60.
[137] *Hb* 7, 25.

la petición por los oferentes –las personas que dan una limosna para que el sacerdote ofrezca la Misa por una intención– y por los asistentes a la Misa. A continuación, pedimos por los cristianos que componen «todo tu pueblo santo»[138]. Buen momento para acordarnos de nuestros hermanos que sufren persecución por la fe en diversos países de Asia y África. Sigue una petición «por aquellos que te buscan con corazón sincero»[139], esas personas a las que no ha llegado la noticia del amor de Jesús y que, sin embargo, buscan a Dios y «se esfuerzan, bajo el influjo de la gracia, en hacer su voluntad, conocida por el dictamen de la conciencia»[140].

Intercedemos ahora por los cristianos difuntos, que aún no contemplan a Dios cara a cara, pues necesitan purificar sus pecados. Después, nuestra oración se extiende a «todos los difuntos, cuya fe solo tú conociste»[141]. Aquí están incluidos todos los fallecidos no bautizados, cuyo corazón solo Dios conoce.

La Plegaria eucarística termina con esta solemne alabanza a la Santísima Trinidad: «Por Cristo, con Él y en Él, a ti, Dios Padre omnipo-

---

[138] *Misal Romano,* P.E. IV.
[139] *Ibídem.*
[140] Concilio Vaticano II, Const. *Lumen gentium,* nº 16.
[141] *Misal Romano,* P.E. IV.

tente, en la unidad del Espíritu Santo, todo honor y toda gloria por los siglos de los siglos»[142]. El sentido de esta oración se expresa en el gesto del celebrante, que eleva el Cuerpo y la Sangre de Jesús, contenidos en la patena y en el cáliz. Esta elevación de la patena y del cáliz es también una llamada a elevar nuestros corazones para unirnos a la gloria que Jesús tributa a su Padre.

La oración la dice solo el celebrante. No se trata de un deseo, sino de una realidad, pues Dios es glorificado de un modo perfecto por el ofrecimiento que Jesús hace de su vida al Padre, cuando se renueva su sacrificio de la Cruz en la Misa. Los fieles contestan con un rotundo «Amén», el más importante de toda la Misa, con el que expresamos nuestro propósito de dirigir nuestras vidas en esta dirección, de modo que cada pensamiento y acción busque siempre la gloria de Dios.

Las palabras «Por Cristo, con Él y en Él», nos recuerdan que Jesucristo ha de estar en el centro de nuestra vida. Jesús ha de ser el motivo de todo lo que hacemos. El ofrecimiento de nuestra vida a Dios solo llega al Padre por medio de Cristo. *Nadie va al Padre sino por mí*[143]. Además de hacerlo todo a través de Jesús, hemos de vivir unidos a

---

[142] *Misal Romano.*
[143] *Jn* 14, 6.

Él. *porque sin mí no podéis hacer nada*[144]. Un cristiano camina por la vida con la certeza de que nunca está solo; Jesús está a nuestro lado y espera que contemos con él para todo.

Por el Bautismo hemos sido incorporados al Cuerpo místico de Cristo, como miembros suyos. Vivir en Cristo es entrar en su intimidad, revestirnos de sus virtudes, parecernos a Él, de manera que el Padre vea en nosotros a su Hijo.

Todo eso nos supera. Por eso decimos «en la unidad del Espíritu Santo», porque esa unión de nosotros con Jesucristo es fruto de la acción del Espíritu Santo, el mismo que une al Hijo con el Padre.

«A ti, Dios Padre omnipotente, todo honor y toda gloria por los siglos de los siglos». Este es el sentido de nuestra vida: alabar a Dios, darle gloria, porque Él nos ha creado, nos ha salvado y en la Iglesia nos ofrece todos los medios para gozar eternamente de su visión en el cielo. Dios ha creado también todos los demás seres del universo visible pero solo nosotros sabemos a quién debemos agradecer lo que somos y tenemos. Por eso, en esta solemne alabanza a Dios Uno y Trino con la que finaliza la Plegaria eucarística, glorificamos al Señor en nombre de todas las criaturas

---

[144] *Jn* 15, 5.

que no tienen capacidad de conocer a su Creador.

Liturgia eucarística.
El rito de la Comunión

«La misa es, a la vez e inseparablemente, el memorial sacrificial en que se perpetúa el sacrificio de la cruz, y el banquete sagrado de la comunión en el Cuerpo y la Sangre del Señor. Pero la celebración del sacrificio eucarístico está totalmente orientada hacia la unión íntima de los fieles con Cristo por medio de la comunión. Comulgar es recibir a Cristo mismo que se ofrece por nosotros»[145].

Antes de recibir a Jesús, el celebrante y los fieles necesitan preparar su alma para ese encuentro personal e íntimo con Dios.

El padrenuestro
y el rito de la paz

Rezar el Padrenuestro, la oración que Cristo nos enseñó, nos recuerda que, en el Bautismo, hemos sido hechos hijos de Dios. Por eso, llenos de confianza, nos atrevemos a invocar a Dios llamándole Padre, como hacía Jesús, que le llamaba «*Abba* (Papá)»[146]. En estos momentos, nos sabe-

---

[145] *CEC*, nº 1382.
[146] *Mc* 14, 36.

mos movidos por el Espíritu Santo, pues, *como sois hijos, Dios envió a nuestros corazones el Espíritu de su Hijo, que clama: ¡Abba, Padre!*[147].

Con esta oración, Jesús nos enseña a orar. En primer lugar, quiere que llamemos a Dios, Padre nuestro, porque, «al orar, se abre nuestro corazón, entramos en comunión no solo con Dios, sino también propiamente con todos los hijos de Dios, porque somos uno. Cuando nos dirigimos al Padre en nuestra morada interior, en el silencio y en el recogimiento, nunca estamos solos. Quien habla con Dios no está solo. Estamos inmersos en la gran oración de la Iglesia, somos parte de una gran sinfonía que la comunidad cristiana esparcida por todos los rincones de la tierra y en todos los tiempos eleva a Dios; ciertamente los músicos y los instrumentos son distintos –y este es un elemento de riqueza–, pero la melodía de alabanza es única y en armonía»[148]. Como para Dios no hay tiempo, al rezar el Padrenuestro unimos nuestras voces a todos los hermanos nuestros que vivieron en esta tierra desde el comienzo de la Iglesia y a los que vendrán después de nosotros hasta que se acabe el mundo.

Las palabras «nuestro» y «nosotros», que aparecen varias veces en esta oración, nos preparan

---

[147] *Ga* 4, 6.
[148] Benedicto XVI, Audiencia general, 23-V-2012.

para recibir al Señor; nos ayudan a salir de nosotros mismos, a superar lo que nos divide y los problemas que podamos tener con otras personas.

«Lo propio del amor es pensar primeramente en Aquel que amamos. En cada una de estas tres peticiones, nosotros no «nos» nombramos, sino que lo que nos mueve es «el deseo ardiente», «el ansia» del Hijo amado, por la Gloria de su Padre (cfr. *Lc* 22, 14; 12, 50): *Santificado sea... venga... hágase...*»[149]. Pedimos que todo el mundo conozca a Dios y todos los hombres lo alaben y adoren, no porque el Señor necesite nuestra alabanza, sino porque en ella está nuestra felicidad. Después, que la salvación alcance a todos los hombres, de forma que se abran libremente al amor de Dios. Y, por último, que se haga realidad aquí en la tierra el querer de Dios que es nuestra salvación por medio de Jesús.

En la segunda parte del Padrenuestro –*danos... perdónanos... no nos dejes... líbranos*– exponemos a Dios nuestras necesidades: comida para alimentar nuestro cuerpo y «Pan del cielo» para fortalecer nuestra fe y nuestro amor; curación de las heridas y enfermedades del alma; protección divina frente a los ataques del Maligno para permanecer

---

[149] *CEC*, nº 2804. Cfr. *Lc* 22, 14; 12, 50.

fieles a Jesús. Pero, para que este desbordamiento de misericordia que imploramos del Padre entre en nuestro corazón, hemos de perdonar «a los que nos han ofendido. El Amor, como el Cuerpo de Cristo, es indivisible; no podemos amar a Dios, a quien no vemos, si no amamos al hermano, a la hermana, a quien vemos»[150].

Sigue una oración que prolonga la última petición del Padrenuestro: «Líbranos de todos los males, Señor»[151], y suplica la paz para todos.

Al comienzo del rito de la paz, el celebrante reconoce, en nombre propio y de todos los fieles, la necesidad de purificación interior para comulgar. Lo hace con esta petición humilde a Jesucristo: «no tengas en cuenta nuestros pecados»[152], seguida de la súplica para que conceda la paz y la unidad a su Iglesia, «conforme a tu palabra»[153]. En efecto, Jesús, en la Última Cena, anunció a sus apóstoles este regalo: *La paz os dejo, mi paz os doy*[154]. El mismo día de su resurrección, al final de la tarde, lleno de gozo, se apresura a llevar a sus discípulos el don prometido: *Paz a vosotros*[155]. La paz

---

[150] *CEC*, nº 2840. Cfr. *1 Jn* 4, 20.
[151] *Misal Romano.*
[152] *Ibídem.*
[153] *Ibídem.*
[154] *Jn* 14, 27.
[155] *Jn* 20, 19.

es la tranquila serenidad que se adueña del alma cuando realmente vivimos como lo que somos, hijos de Dios y, por tanto, hermanos de los demás hombres; es decir, cuando estamos en el lugar que nos corresponde respecto a Dios y los demás.

Jesús, con su muerte y resurrección, recuperó para nosotros la posición primitiva en que el Creador situó en el mundo a nuestros primeros padres, y que ellos perdieron al rebelarse contra su Señor. Hasta la venida del Salvador no había paz en el mundo porque los hombres estaban alejados de Dios, fuera de su sitio. De ahí que reinasen las tinieblas de la confusión y la violencia. Con la victoria de Jesús sobre el pecado, se ofrece al hombre la reconciliación con Dios cuyo primer fruto es la paz interior. Por eso podemos decir con toda razón que Cristo es nuestra paz. Al celebrar sacramentalmente su Misterio Pascual en la Misa y recibir el Cuerpo de Jesús, la paz de Cristo se difunde en nuestros corazones.

La Iglesia coloca el rito de la paz en este momento para recordarnos que para recibir el Cuerpo de Jesús hemos de tener la paz de Cristo en nuestra alma: no tener conciencia de estar en pecado y estar reconciliados con los demás. Muy cerca ya del instante en que vamos a tener el encuentro más íntimo con Dios, sentimos la necesidad de conservar e incluso aumentar nuestra concentración interior para vivir con plenitud el rito de la paz.

«El sacerdote, (...) extendiendo y juntando las manos, anuncia la paz diciendo: "La paz del Señor esté siempre con vosotros", y el pueblo le responde: "Y con tu espíritu". Luego, si se juzga oportuno, el sacerdote añade: "Daos fraternalmente la paz" (...). Y todos se intercambian un signo de paz, comunión y caridad, según lo que haya establecido la conferencia de los obispos. Mientras se da la paz, puede decirse: "La paz del Señor esté siempre contigo", a lo que se responde: "Amén"»[156].

La Iglesia pone el énfasis en el gesto del celebrante, que actúa en la Misa haciendo las veces de Cristo –«impersonando» a Cristo– y no en el de los fieles, ya que el sacerdote puede omitir la invitación a los asistentes para darse la paz. Lo importante es captar el sentido profundo del rito de la paz que Cristo nos ha conseguido en la Cruz, para que dejemos que su paz nos transforme y convierta en sembradores de paz en el mundo. El gesto de dar la paz a los de al lado, si el sacerdote nos invita a hacerlo, debe tener presente la cercanía de la Comunión, pues el rito de la paz nos tiene que preparar para recibir con la máxima atención y delicadeza a Jesús.

---

[156] *OGMR*, nº 154.

La fracción del pan
y la preparación inmediata para la comunión

La «fracción del pan», «rito, propio del banquete judío, fue utilizado por Jesús cuando bendecía y distribuía el pan como cabeza de familia, sobre todo en la Última Cena. En este gesto, los discípulos lo reconocerán después de su resurrección y, con esta expresión, los primeros cristianos designaron sus asambleas eucarísticas. Con él se quiere significar que todos los que comen este único pan, partido, que es Cristo, entran en comunión con él y forman un solo cuerpo en él»[157].

«Partir el pan para todos es principalmente la función del padre de familia que, en cierto modo, representa con ello también a Dios Padre que, a través de la fertilidad de la tierra, distribuye a todos nosotros lo necesario para vivir»[158].

En la renovación sacramental del Misterio Pascual, el pan partido nos trae a la memoria el sacrificio de Cristo en la Cruz, cuyo cuerpo fue «partido», inmolado, por nuestra salvación. Mientras el celebrante parte el pan que contiene a Jesucristo vivo, el pueblo canta o recita el «Cordero de Dios», nombre simbólico que Juan el Bautista da

---

[157] *CEC*, nº 1329.
[158] J. Ratzinger, *Jesús de Nazaret. Desde la entrada en Jerusalén hasta su Resurrección*, 155.

a Jesús cuando lo presenta a sus amigos en la orilla del Jordán[159]. Al llamar a Jesús «Cordero de Dios» anuncia a sus oyentes que ese hombre va a ofrecer su vida como sacrificio para salvarnos.

La fracción del pan alude al amor hasta la muerte de Jesús. Ver al celebrante partir el pan debería producir en nosotros una sacudida interior porque cada cristiano, con la fuerza de la Eucaristía, está llamado a imitar a Jesús hasta identificarse con Él. «Debemos entregarnos, servir a los demás; se requiere que nos olvidemos de nosotros mismos y nos convirtamos en alimento espiritual para los demás, asistiéndoles con sacrificio y alegría en todas sus necesidades»[160].

Nosotros no separamos el culto que damos a Dios de la vida que queremos vivir para seguir a Jesús, sino que, en la entrega sacrificial de Cristo en la Cruz, que la Misa renueva, encontramos la raíz que da sabia a nuestro vivir cotidiano. Preocuparse por los demás, estar pendientes de sus necesidades, servirlos por amor sin pedir nada a cambio, trabajar a conciencia con la mirada puesta en mejorar la sociedad, forma parte del culto que damos a Dios Uno y Trino en la Misa, que de esta manera ilumina toda la jornada.

---

[159] Cfr. *Jn* 1, 36.
[160] J. Echevarría, *Vivir la Santa Misa*, 176.

Pero se acerca la hora, ya está aquí, en que los verdaderos adoradores adorarán al Padre en espíritu y verdad, porque el Padre desea que lo adoren así[161], dice Jesús a la mujer samaritana junto al pozo de Sicar. Por eso, la fracción del pan, además de ponernos delante del sacrificio de Jesús en la Cruz, nos invita a «partir nuestra vida» para convertirla en entrega por amor a los demás.

«El sacerdote realiza la fracción del pan y deposita una partícula de la hostia en el cáliz, para significar la unidad del Cuerpo y de la Sangre del Señor en la obra salvadora, es decir, del Cuerpo de Cristo Jesús viviente y glorioso»[162]. Al comulgar, no solo recibimos a la Persona entera de Jesucristo, Dios y Hombre verdadero, sino que participamos de su sacrificio en la Cruz. Comulgar con Jesús es comulgar con su Persona y con su entrega amorosa en el Calvario.

Antes de presentar a Jesús en la Hostia Santa con el nombre de «Cordero de Dios, que quita los pecados del mundo», el celebrante reza en secreto esta oración: «Señor Jesucristo, Hijo de Dios vivo, que, por voluntad del Padre, cooperando el Espíritu Santo, diste con tu muerte la vida al mundo, líbrame, por la recepción de tu Cuerpo y de tu

---

[161] *Jn* 4, 23.
[162] *OGMR,* nº 83.

Sangre, de todas mis culpas y de todo mal. Concédeme cumplir siempre tus mandamientos y jamás permitas que me separe de ti»[163]. Esta oración, dirigida a Jesucristo, describe todo el plan de salvación en el que intervienen las Tres Personas divinas. Jesús, Hijo de Dios vivo, para llevar a cabo el proyecto de su Padre, guiado por el Espíritu Santo, muere en la Cruz para que nosotros tengamos Vida en Dios. El amor que muestra Jesús al salvarnos anima al celebrante a pedirle la liberación de sus pecados, fuerza para vivir los mandamientos y la gracia de estar siempre con Él.

Aunque esta oración es propia del celebrante, puede ayudar a los fieles a prepararse para recibir a Jesús con el alma inflamada de amor. ¡Qué fuerza tiene la última frase: «¡Jamás permitas que me separe de ti!». Ojalá se nos grabe a fuego en el alma. Señor, llévame contigo, antes de ofenderte gravemente.

Ahora el celebrante adora a Jesús hincando pausadamente la rodilla en el suelo. «Luego el sacerdote muestra a los fieles el pan eucarístico sobre la patena o sobre el cáliz y los invita al banquete de Cristo»[164]. Se apropia entonces de las palabras que dijo a Jesús el centurión de Cafar-

---

[163] *Misal Romano*.
[164] OGMR, nº 84.

naún: *Señor, no soy digno de que entres en mi casa, pero una palabra tuya bastará para sanarme*[165], un acto profundo de humildad que el celebrante recita con los fieles, pero que cada uno dice en singular.

«Lo que se nos entrega en la comunión no es un trozo de cuerpo, no es una cosa, sino Cristo mismo, el Resucitado (...). Esto significa que comulgar es siempre una relación personal. No es un simple rito comunitario, que podemos despachar como cualquier otro asunto comunitario. En el acto de comulgar, soy yo quien me presento ante el Señor, que se me comunica a mí. Por esta razón, la comunión sacramental ha de ser siempre, al mismo tiempo, comunión espiritual. Por esta razón, antes de la comunión, la liturgia pasa del nosotros al yo. En esos momentos soy yo quien es llamado en causa. Soy yo quien es invitado a salir fuera de mí mismo, a ir a su encuentro, a llamarlo»[166].

Después de la comunión del celebrante, llega el momento de acercarse al altar para recibir el Cuerpo de Cristo. Recordamos entonces sus palabras en la sinagoga de Cafarnaún: *En verdad, en verdad os digo: si no coméis la carne del Hijo del*

---

[165] *Mt* 8, 8.
[166] J. Ratzinger, *La Eucaristía, centro de la vida*, 89.

hombre y no bebéis su sangre, no tenéis vida en vosotros[167]. Para aceptar esta invitación de Jesús debemos prepararnos, por un lado, observando el ayuno de una hora que dispone la Iglesia[168], y, por otro, con un examen profundo, como señala san Pablo: *Así pues, que cada cual se examine, y que entonces coma así del pan y beba del cáliz. Porque quien come y bebe sin discernir el cuerpo come y bebe su condenación*[169].

El Catecismo concreta así esas palabras de san Pablo: «Quien tiene conciencia de estar en pecado grave debe recibir el sacramento de la Reconciliación antes de acercarse a comulgar»[170].

San Juan Pablo II aclara que «el juicio sobre el estado de gracia, obviamente, corresponde solamente al interesado, pues se trata de una valoración de conciencia. No obstante, en los casos de un comportamiento externo grave, abierta y establemente contrario a la normal moral, la Iglesia, en su cuidado pastoral por el buen orden comunitario y por respeto al Sacramento, no puede mostrarse indiferente. A esta situación de manifiesta indisposición moral se refiere la norma del Código de Derecho Canónico que no permite la ad-

---

[167] *Jn* 6, 53.
[168] *CIC*, can. 919.
[169] *1 Co* 11, 28-29.
[170] *CEC*, nº 1385.

misión a la comunión eucarística a los que «obstinadamente persistan en un manifiesto pecado grave»[171].

La Comunión es un encuentro personalísimo con una Persona, Jesús, el Hijo de Dios, que viene a transformarnos, a compartir con cada uno de nosotros sus sentimientos y toda su vida.

Si vamos bien preparados, y hemos aprovechado la Plegaria eucarística para llenar las palabras del celebrante con expresiones personales de fe, confianza, amor y humildad; si nuestro deseo de recibir a Dios ha ido creciendo a lo largo de la celebración eucarística, cuando llega el momento de recibir la Sagrada Forma en la que se esconde el mismo Dios que ha creado el universo y todo cuanto existe, la alegría abre nuestro corazón para acoger a Aquel que es el Amor de los amores.

El tiempo, entonces, se detiene. El Eterno viene a nosotros. Es una anticipación del cielo. *Y escuché a todas las criaturas que hay en el cielo, en la tierra, bajo la tierra, en el mar —todo cuanto hay en ellos—, que decían: «Al que está sentado en el trono y al Cordero la alabanza, el honor, la gloria y el poder por los siglos de los siglos». Y los cuatro vivientes respondían: «Amén». Y los*

---

[171] *CIC*, can. 915. San Juan Pablo II, Carta enc. *Ecclesia de Eucharistia*, nº 37.

ancianos se postraron y adoraron[172]. Adorar. Así nos unimos a Dios.

Comulgar y adorar

Después de comulgar nos habremos preguntado muchas veces: ¿cómo agradecer que haya venido a mi corazón Jesús en persona, el mismo que nació en Belén, se crio en Nazaret, predicó y realizó el Reino de Dios y, finalmente, entregó su vida en la Cruz, y resucitó al tercer día? ¿Cómo entrar, con todo mi ser, en comunión con Jesús sacramentado, ahora presente dentro de mí? La respuesta es: adorar. Pero ¿qué es adorar?

Proskýnesis –adoración, en griego– «es reconocer, en el respeto y la sumisión absoluta, la «nada de la criatura», que solo existe por Dios. Adorar a Dios es alabarlo, exaltarlo y humillarse a sí mismo, como hace María en el *Magnificat*, confesando con gratitud que Él ha hecho grandes cosas y que su nombre es santo»[173]. «La palabra latina *ad-oratio*, en cambio, denota el contacto físico, el beso, el abrazo, que está implícito en la idea de amor»[174]. Estos dos sentidos de adorar se complementan porque, al reconocer la grandeza de Dios –al que

---

[172] *Ap* 5, 13-14.
[173] *CEC*, nº 2097.
[174] Benedicto XVI, Discurso a la Curia Romana, 22-XII-2005.

debemos todo– y nuestra nada, al inclinarnos o postrarnos ante Él, nos damos cuenta de que Dios es Amor, y solo eso explica su deseo de unirse a nosotros para comunicarnos su Vida. De ahí que, conscientes de que Jesús está realmente dentro de mí, decirle «te adoro» es también abrazar con el deseo y la imaginación sus pies, y besar sus llagas y repetirle una y otra vez que no se marche, que no nos deje, que queremos retenerlo como María Magdalena..., y muchas cosas más.

Estos momentos son los más importantes de nuestra vida. Jesús vivo, resucitado, está realmente dentro de nosotros. Nuestro corazón, henchido de tantas necesidades, no puede contenerse. Pero, después del torrente de peticiones, conviene escuchar con atención, porque Dios «habla bajito».

Nuestra adoración a Dios, presente en la Hostia santa que acabamos de recibir, se manifiesta también con la postura corporal. San Pablo afirma que a Jesús resucitado *Dios lo exaltó sobre todo y le concedió el Nombre sobre todo nombre; de modo que al nombre de Jesús toda rodilla se doble en el cielo, en la tierra, en el abismo*[175]. «Ante Él –salvo imposibilidad física–, nos ponemos de rodillas, adorando. Estar de rodillas ya no es expresión de servidumbre, sino de la

---

[175] *Flp* 2, 9-10.

libertad que nos da el amor de Dios, la alegría de estar redimidos, de unirnos con el cielo y la tierra, con todo el cosmos, para adorar a Cristo, de estar unidos a Cristo y así ser redimidos»[176].

«La adoración es reconocer que Jesús es mi Señor, que Jesús me señala el camino que debo tomar, me hace comprender que solo vivo bien si conozco el camino indicado por Él, solo si sigo el camino que Él me señala. Así pues, adorar es decir: "Jesús, yo soy tuyo y te sigo en mi vida; no quisiera perder jamás esta amistad, esta comunión contigo". También podría decir que la adoración es, en su esencia, un abrazo con Jesús, en el que le digo: "Yo soy tuyo y te pido que Tú también estés siempre conmigo"»[177].

«En cierto modo, todo depende de que en nuestra vida haya o no adoración. Siempre que adoramos, ocurre algo en nosotros y en torno a nosotros. Las cosas se enderezan de nuevo. Entramos en la verdad. La mirada se torna aguda. Muchas cosas que nos abrumaban, desaparecen. Distinguimos mejor lo importante y lo que no lo es, el fin y el medio, la meta y el camino. Vemos con mayor claridad qué es bueno y qué es malo. Los velos

---

[176] Benedicto XVI, *Lectio divina* durante el encuentro con los párrocos y sacerdotes de la diócesis de Roma, 10-III-2011.

[177] Benedicto XVI, Encuentro de catequesis con los niños de primera Comunión, 15-X-2005.

que la vida diaria pone delante de las cosas, los desequilibrios y falsificaciones de las normas desaparecen, al menos en cierta medida»[178].

Lo que ocurre cuando recibimos a Jesús en la Comunión es que la vida de Dios entra en mí. No somos nosotros los que asimilamos este alimento convirtiéndolo en fuerza vital, sino que Jesús nos transfunde su vida, como le manifestó a san Agustín: «Tú no me mudarás en ti como el manjar de tu carne, sino que tú te mudarás en mí»[179]. Ahora bien, la vida de Cristo está abierta, es una existencia centrada bajo la guía del Espíritu Santo, en llevar a cabo los planes salvadores del Padre. Jesús es Dios que se hace hombre para entregarse a todos los hombres. Esa donación de Jesús llega «hasta el final», hasta la muerte de Cruz. Por eso, si recibimos la Eucaristía con fe viva, confianza plena y todo el amor de que seamos capaces, Jesús nos libera poco a poco de nuestro egoísmo, la tendencia a vivir para nosotros mismos, y nos da energía divina para darnos a los demás.

«En la Eucaristía, el Señor nos hace recorrer su camino, aquel del servicio, del compartir, del donarse, y lo poco que tenemos, lo poco que somos,

---

[178] Guardini, R., *Dominio de Dios y libertad del hombre*, Guadarrama, Madrid 1963, p. 30.
[179] San Agustín, *Confesiones*, VII, 10, 18.

si es compartido, se convierte en riqueza, porque es la potencia de Dios, que es la potencia del amor que desciende sobre nuestra pobreza para transformarla»[180].

De la Eucaristía nace el impulso de la Iglesia hacia los necesitados, la pasión de tantos santos por dedicar su vida al servicio de los más miserables, la alegría de cuidar a los más desgraciados. Jesús se «parte», se entrega a la muerte para enseñarnos a «partirnos», a entregarnos a los demás. Comulgar con Jesús es dejarle fundirse con cada uno, sintonizar nuestro corazón con el suyo, abrir nuestras compuertas más íntimas para que entren en ellas los sentimientos de Cristo. Por eso la adoración al Dios escondido en el Pan consagrado influye siempre en la vida, la transforma. Siendo algo personal, nuestra adoración a Jesús sacramentado no es individualista; por el contrario, abrazar a Jesús resucitado oculto en la hostia santa, besar sus llagas, quedarnos embobados ante su costado abierto, refugio de enamorados, nos abre a las necesidades de los demás, nos lanza con fuerza renovada para ayudar a resolver los problemas materiales y espirituales que afligen a millones de personas. *Siento compasión de la gente*[181].

---

[180] Papa Francisco, Audiencia general, 30-V-2013.
[181] *Mt* 15, 32.

«La historia bimilenaria de la Iglesia está constelada de santos y santas, cuya existencia es signo elocuente de cómo precisamente desde la comunión con el Señor, desde la Eucaristía, nace una nueva e intensa asunción de responsabilidades a todos los niveles de la vida comunitaria; nace, por lo tanto, un desarrollo social positivo, que sitúa en el centro a la persona, especialmente a la persona pobre, enferma o necesitada. Nutrirse de Cristo es el camino para no permanecer ajenos o indiferentes ante la suerte de los hermanos, sino entrar en la misma lógica de amor y de donación del sacrificio de la Cruz»[182].

El Papa Francisco nos da pistas para saber si la Misa nos cambia por dentro. «La primera pista es nuestra manera de ver y considerar a los otros. En la Eucaristía, Cristo siempre lleva a cabo nuevamente el don de sí mismo que ha realizado en la Cruz. Toda su vida es un acto de total entrega de sí mismo por amor; por eso Él amaba estar con sus discípulos y con las personas que tenía ocasión de conocer. Esto significaba para Él compartir sus deseos, sus problemas, lo que agitaba sus almas y sus vidas. Ahora, cuando participamos en

---

[182] Benedicto XVI, Homilía en la Santa Misa que clausuró el XXV Congreso Eucarístico Nacional Italiano, 11-IX-2011.

la Santa Misa, nos encontramos con hombres y mujeres de todas las clases: jóvenes, ancianos, niños; pobres y acomodados; originarios del lugar y forasteros; acompañados por sus familiares y solos... Pero ¿la Eucaristía me lleva a sentirlos a todos, realmente, como hermanos y hermanas? ¿Hace crecer en mí la capacidad de alegrarme con el que se alegra y de llorar con el que llora? ¿Me empuja a ir hacia los pobres, los enfermos, los marginados? ¿Me ayuda a reconocer en ellos el rostro de Jesús?»[183].

«Quien sabe arrodillarse ante la Eucaristía, quien recibe el cuerpo del Señor, no puede no estar atento, en el entramado ordinario de los días, a las situaciones indignas del hombre, y sabe inclinarse en primera persona hacia el necesitado, sabe partir el propio pan con el hambriento, compartir el agua con el sediento, vestir a quien está desnudo, visitar al enfermo y al preso[184]. En cada persona sabrá ver al mismo Señor que no ha dudado en darse a sí mismo por nosotros y por nuestra salvación»[185].

Después de distribuir la comunión, el celebrante purifica, en el altar o en una mesita auxi-

---

[183] Papa Francisco, Audiencia general, 12-II-2014.
[184] Cfr. *Mt* 25, 34-36.
[185] Benedicto XVI, Homilía en la Santa Misa que clausuró el XXV Congreso Eucarístico Nacional Italiano, 11-IX-2011.

liar que se llama credencia, la patena y el cáliz. Podemos aprovechar estos breves instantes para pedirle a Jesús, vivo dentro de nosotros, que limpie el egoísmo de nuestro corazón y nos contagie su afán de ayudar a las personas a encontrar la verdadera felicidad dejándose querer por Dios.

A continuación, «el sacerdote y los fieles, si se juzga oportuno, oran un espacio de tiempo en secreto»[186]. Estos momentos, aunque breves, son un tesoro. Jesús espera que le adoremos, le agradezcamos, le abracemos y besemos, porque estar con Jesús vivo dentro de nosotros es vivir en el cielo.

Es lógico que queramos prolongar estos momentos una vez terminada la Misa, para disfrutar del amor que derrama en nuestra alma este contacto con Dios que nos da la Comunión. Por otro lado, ¿cómo vamos a salir de la iglesia antes de que las especies sacramentales que contienen a nuestro Jesús desaparezcan en nuestro interior, diez minutos después de haberle recibido? Es verdad que la mayor parte de nosotros tenemos una vida bastante agitada por el amplio e intenso horario de trabajo, el cuidado de la familia y mil ocupaciones más. Pero en nuestra vida tiene que

---

[186] *OGMR*, n° 88.

haber prioridades, y la primera de todas es cuidar nuestra relación de Jesús, porque sin Él no podemos nada[187]. Por eso lo normal será, una vez acabada la Misa, prolongar, si nos es posible, unos minutos nuestra acción de gracias para adorar, agradecer, pedir y disfrutar de la íntima compañía de Jesús.

Si nuestra cabeza está torpe y nuestro corazón no reacciona ante la luz de la fe, podemos leer en un devocionario las oraciones que los santos han rezado para canalizar su agradecimiento y peticiones al Señor. Todo vale con tal de no dejar desatendido a Jesús en nuestro interior. Por otro lado, podemos pedirle a nuestra Madre Santa María, la persona más cercana a Dios, que tome en sus manos nuestras oraciones y las entregue, perfumadas por su amor, a Jesús. San José, ese hombre bueno que con tanta delicadeza supo cuidar de su Señor, a quien con amor alimentó, vistió, educó, abrazó y besó, es un buen maestro en el arte de tratar a Jesús. Nuestro ángel custodio nos puede ayudar a encontrar la mejor manera de adorar a Dios en esos momentos.

El rito de la Comunión termina con una oración que hace referencia al don que acabamos de recibir.

---

[187] Cfr. *Jn* 15, 5.

Despedida y misión

El rito de conclusión de la Misa consiste en el saludo a los fieles, la Bendición, la despedida y el beso al altar. La Iglesia ofrece varias posibilidades para despedir a los fieles. Aunque la más usual es la primera, «Podéis ir en paz»[188], hay otras tres formas que terminan con esas mismas palabras, pero a las que antepone una frase.

La segunda, «La alegría del Señor sea nuestra fuerza»[189], se toma de las palabras de consuelo y ánimo que el gobernador Nehemías dirige a los judíos que han regresado de la cautividad de Babilonia, después de leer los libros de la Ley en las ruinas del Templo de Jerusalén[190]. Aquellos hombres necesitaban fortaleza para ponerse a reconstruir el Templo del Señor, levantar sus casas y labrar sus campos, pues todo estaba desolado. Eran pocos, apenas disponían de medios materiales y estaban tristes y llorosos. Por eso su jefe les invita a apoyarse en la alegría de Dios, fruto del amor a su pueblo, purificado por largos años de destierro. Dichas al final de la Misa, estas palabras son una llamada a apoyarnos en el amor de Dios para ser testigos de Jesucristo resucitado.

---

[188] *Misal Romano.*
[189] *Ibídem.*
[190] Cfr. *Ne* 8, 10.

La tercera es: «Glorificad al Señor con vuestra vida»; y la última reza: «Anunciad a todos la alegría del Señor resucitado». Estas dos fórmulas de despedida nos recuerdan la estrecha relación que guardan el culto a Dios y la vida del cristiano. Realmente, el cristianismo es la irrupción de Dios en nuestra vida. La Santa Misa y todos los sacramentos son para entrar en comunión con Dios y ese contacto debería afectar profundamente a la forma de trabajar, a las relaciones con nuestra familia, amigos y conocidos, al modo de afrontar los problemas de la sociedad en que vivimos, como, por ejemplo, la emigración, el paro, etc.

Sin embargo, con el paso del tiempo, muchos bautizados han perdido el sentido que tenía el culto a Dios en los primeros tiempos del cristianismo. En los tres primeros siglos, hasta la llegada del emperador Constantino, los cristianos no tenían templos: «su culto es invisible»[191], se lee en un escrito de finales del siglo II. «No tenemos altares»[192], afirma un escritor cristiano de la misma época. Con la fuerza que recibían al celebrar, frecuentemente de manera clandestina, los «sagrados misterios», como llamaban ellos a la Misa y a los sacramentos, los cristianos imitaban a Jesús, ofre-

---

[191] *Epistula ad Diognetum,* 6, 4; 7, 1; 4, 6.
[192] Minucio Félix, *Octavius* 32, 1, en PG 3, 353.

ciéndose a sí mismos a Dios: convertían sus pensamientos y sus acciones en ofrenda al Padre. Su vida se transformaba así en un himno para Dios, en un perfume que, como el humo de los antiguos sacrificios, daba gloria a Dios porque reflejaba la vida de Jesús.

Ese modo de vivir, inflamado por la caridad de Cristo, atraía a los paganos. Vivían lo que les había dicho el Maestro: *Brille así vuestra luz ante los hombres, para que vean vuestras buenas obras y den gloria a vuestro Padre que está en los cielos*[193]. No tenían altares, pero cada cristiano era un altar. No tenían templo y, sin embargo, cada uno se sabía templo del Dios vivo. Convertían su vida entera –trabajo, familia, preocupaciones, dificultades, persecuciones, etc.– en la ofrenda que unían a la de Jesús, en definitiva, en una Misa, unidos siempre al sacrificio de Jesús en la Cruz que celebraban en la Eucaristía los sábados por la noche.

Los primeros cristianos no veían la Misa como un conjunto de ceremonias con las cuales se honra a Dios, algo así como un protocolo establecido por la Iglesia. Por el contrario, en la Misa entraban en contacto con Jesús vivo y resucitado, por medio de los signos o símbolos que el mismo Cristo instituyó para que pudiésemos acceder al

---

[193] *Mt* 5, 16.

Misterio Pascual –pasión, muerte y resurrección– y vivir de él. Estos signos y símbolos constituyen los ritos –acciones que siempre se repiten de la misma forma– de nuestro culto a Dios, que es la liturgia cristiana. Esos ritos son canales a través de los cuales nos llega la fuerza de Dios por la que nuestras vidas pueden imitar la de Jesús, que vive para ofrecerse amorosamente en sacrificio al Padre, por nuestra salvación. Esos ritos de la Misa nos identifican con Cristo, nos transforman en otros «cristos». Los ritos no eran ajenos a la vida, eran –y deben ser ahora– la razón de ser de nuestro vivir.

«La vida entera de los fieles (...) constituye como una *liturgia*», dijo en cierta ocasión el beato Pablo VI[194]. El Bautismo capacita al cristiano para ser «sacerdote de su propia existencia»[195]. Por tanto, el cristiano, con la fuerza que recibe en la Misa, está llamado a ofrecer a Dios cada día un sacrificio espiritual con el que alaba a la Santísima Trinidad. Este sacrificio abarca toda su actividad exterior e interior, su trabajo, la dedicación a sacar adelante a su familia, la educación de sus hijos, los tiempos dedicados a la escucha de la Palabra de Dios en el silencio de la meditación, su entrega a

---

[194] Beato Pablo VI, *Laudis canticum*, 8.
[195] San Josemaría Escrivá, *Es Cristo que pasa*, 96.

los demás con el olvido de sí mismo, el afán por acercar a sus amigos a la fe cristiana, los tiempos de descanso y diversión, la fidelidad a Jesús en su lucha diaria por vencer las tentaciones y superar las dificultades de la vida, etc.

«A través de la Eucaristía, Cristo quiere entrar en nuestra existencia y permearla de su gracia, para que en cada comunidad cristiana haya coherencia entre liturgia y vida. El corazón se llena de confianza y de esperanza pensando en las palabras de Jesús recogidas en el evangelio»[196]: *El que come mi carne y bebe mi sangre tiene vida eterna y yo lo resucitaré en el último día*[197].

Los bautizados no servimos a Dios solo cuando asistimos a Misa y nos ofrecemos con Jesús al Padre, sino que «todas las obras de los hombres se hacen como en un altar y cada uno de vosotros (…) dice de algún modo "su misa", que dura veinticuatro horas, en espera de la misa siguiente, que durará otras veinticuatro horas, y así hasta el fin de nuestra vida»[198].

A este sacrificio espiritual del bautizado se refiere san Pablo cuando escribe a los cristianos de Roma: *Os exhorto, pues, hermanos, por la misericordia*

---

[196] Papa Francisco, Audiencia general, 12-II-2014.
[197] *Jn* 6, 54.
[198] San Josemaría Escrivá, Homilía, Roma, 19-III-1968.

de Dios, a que presentéis vuestros cuerpos como sacrificio vivo, santo, agradable a Dios; este es vuestro culto espiritual[199]. La expresión «presentar los cuerpos», asociada a la idea de sacrificio, se refiere a la persona entera, es decir, a todo lo que compone la vida de cada día. En un comentario a este pasaje de la Carta a los Romanos, san Pedro Crisólogo dice: «El hombre no ha de buscar fuera de sí qué ofrecer a Dios, sino que aporta consigo, en su misma persona, lo que ha de sacrificar a Dios (...). Sé, pues, oh hombre, sacrificio y sacerdote para Dios (...). Haz que arda continuamente el incienso aromático de tu oración (...). Haz de tu corazón un altar»[200].

En su primera Carta, el apóstol san Pedro escribe a los recién bautizados: *También vosotros, como piedras vivas, entráis en la construcción de una casa espiritual para un sacerdocio santo, a fin de ofrecer sacrificios espirituales agradables a Dios por medio de Jesucristo*[201]. La «casa espiritual» es la vida de cada cristiano. El sacrificio de nuestra vida tiene valor porque lo ofrecemos a Dios «por medio de Jesucristo». Esos sacrificios se llaman espirituales porque son todo lo que compone nuestra vida: oración, trabajo, lu-

---

[199] *Rm* 12, 1.
[200] San Pedro Crisólogo, *Sermo* 108, en PL 52, 499-500.
[201] *1 P* 2, 5.

cha, dolores, alegrías, etc. Al ofrecerlos, unidos a Jesucristo, en el altar de su corazón, el cristiano ejerce su sacerdocio bautismal.

Mi alimento es hacer la voluntad del que me envió y llevar a término su obra[202]. Esto fue la vida de Cristo en la tierra, su sacrificio espiritual, que dio sentido a su entrega corporal en la Cruz. El amor a su Padre empuja a Jesús a ofrecer su vida en el Calvario. Su sacrificio visible es la manifestación de su sacrificio invisible, que es su amor hecho obediencia a los planes de su Padre. En la Misa se hace presente este sacrificio espiritual de Cristo, cuya manifestación visible es su muerte en la Cruz y su resurrección. Entonces, el sacrificio espiritual de la Esposa de Cristo, la Iglesia, compuesto por las vidas de los cristianos, entra en comunión con el sacrificio espiritual del Esposo, Jesucristo. De esa manera, todos los actos que cada cristiano ha ofrecido a Dios a lo largo del día caen bajo la acción de la ofrenda que Cristo hace de sí mismo al Padre en la Cruz y son transformados en ese culto «en espíritu y verdad» del que Jesús habló a la mujer samaritana *porque el Padre desea que lo adoren así*[203].

Nuestra fe en Jesucristo, la celebración sacramental del Misterio Pascual de Jesús y la vida or-

---

[202] *Jn* 4, 34.
[203] *Jn* 4, 23.

dinaria de cada día han de formar un entramado donde cada elemento influya en los otros, en las dos direcciones. Por la fe recibimos la vida de Jesucristo en la Misa. En respuesta, aportamos al sacrificio de Jesús la ofrenda de nuestra vida, que, asumida por la de Jesús, se va pareciendo cada vez más a Él. La Misa nos «amasa» con Jesús. «La Iglesia anuncia y celebra en su liturgia el Misterio de Cristo, a fin de que los fieles vivan de él y den testimonio del mismo en el mundo»[204]. Por eso la Misa termina con estos dos mensajes que convocan a todos los cristianos a una misión: «Glorificad al Señor con vuestra vida» y «Anunciad a todos la alegría del Señor resucitado».

---

[204] *CEC*, nº 1068.

Apéndice
PARA CURIOSOS

El simbolismo de las señales de la Misa

Los elementos materiales –pan, vino, cruz, altar, ambón, velas, leccionario, etc.–, los ritos compuestos de palabras y acciones, y el mismo celebrante –que hace presente a Jesucristo en la Misa–, expresan, frecuentemente por medio de símbolos, la actividad invisible de Jesucristo en el sacrificio y convite del altar. Pero, hechizados por el avance de las nuevas tecnologías y por un consumismo devorador, hemos perdido la capacidad de descubrir en los elementos materiales los reflejos del mundo espiritual del Creador. Por eso necesitamos volver a aprender qué significan esas señales sensibles con las que Dios ha querido ofrecernos la salvación que Cristo nos consiguió en la Cruz. Y, cuando alguien nos desvela su sentido, comienzan a abrirse caminos para una relación personal con Dios, pues entendemos su lenguaje, aunque hable bajito.

El pan que se utiliza en la Misa «no se hace de un solo grano, sino de muchos»[1]. Para que se conviertan en pan, estos granos han de ser molidos. Este proceso, además de traernos a la cabeza la pasión y muerte de Jesús, «triturado por nuestros crímenes»[2], nos recuerda que, como miembros de la Iglesia, «necesitamos salir del mundo cerrado de nuestra propia individualidad y aceptar la compañía de aquellos que comparten el pan con nosotros»[3]. Para sintonizar con Jesucristo, nuestro Salvador, hemos de «abatir las barreras entre nosotros y nuestros vecinos, y liberarnos del temor y la desconfianza de unos hacia otros, de la codicia y el egoísmo, de la falta de voluntad de aceptar el riesgo de la vulnerabilidad a la que nos exponemos cuando nos abrimos al amor»[4].

Luego, se amasa la harina que resulta de moler los granos de trigo. Para eso se usa agua –que nos recuerda nuestro Bautismo– y la masa se cuece con fuego, símbolo de la acción del Espíritu Santo.

«Recordad, hermanos –prosigue san Agustín en el mismo Sermón–, cómo se elabora el vino. Son muchas las uvas que penden de un racimo, pero el

---

[1] San Agustín, *Sermón* 272.

[2] *Is* 53, 5.

[3] Benedicto XVI, Homilía de la Misa celebrada en Nicosia (Chipre) el 6-VI-2010.

[4] *Ibídem*.

zumo de todas ellas, mezclado, es único»[5]. También el «pisar las uvas» nos trae al recuerdo lo que sufrió Jesús en su Pasión por amor a su Padre y a nosotros. Y, al mismo tiempo, la producción del vino simboliza el trabajo de unificación que hace el Espíritu Santo en el alma de cada cristiano hasta conseguir esa «comunión de vida» con Jesucristo y con los demás que vivían los primeros cristianos: *El grupo de los creyentes tenía un solo corazón y una sola alma*[6].

Al participar en la Misa nos encontramos continuamente con la Cruz. Toda la vestimenta del celebrante –alba, estola y casulla– tiene grabada la Cruz. La Cruz es la marca del cristiano, seguidor de Jesús. Podemos ver en los dos maderos cruzados un símbolo de Cristo, que aúna en su Persona su ser de Hombre-Dios. Sus manos y sus pies, clavados a la Cruz, simbolizan el amor con que entrega su vida.

El altar «simboliza de modo claro y permanente a Cristo Jesús, Piedra viva»[7], como le llaman san Pedro: *Acercándoos a él, piedra viva rechazada por los hombres, pero elegida y preciosa para Dios*[8], y san Pablo: *El mismo Cristo Jesús es la piedra angu-*

---

[5] San Agustín, *Sermón* 272.
[6] *Hch* 4, 32.
[7] *OGMR*, nº 298.
[8] *1 P* 2, 4.

lar[9]. Al comenzar y al terminar la Misa, el celebrante saluda al altar con una inclinación profunda de cuerpo y, al subir la grada, lo besa.

El altar es también símbolo del corazón de los cristianos, pues, una vez acabada la Misa, durante la jornada, cada uno ofrece al Señor, en el altar de su corazón, todas sus acciones para que Jesús las una a su sacrificio.

El altar también representa la mesa donde Jesús alimenta a su pueblo con su Cuerpo.

El ambón es el lugar para proclamar la palabra de Dios. Debe ser fijo, no portátil, y ha de estar situado de manera que los fieles puedan ver y oír a los lectores y al ministro ordenado –sacerdote o diácono– que lee o canta el Evangelio. El ambón simboliza la «mesa de la Palabra», la cátedra desde la que Jesús nos alimenta con su Palabra, pues, como Él mismo contestó a Satanás en el desierto de Judá, *no solo de pan vive el hombre, sino de toda palabra que sale de la boca de Dios*[10].

Sobre el altar o cerca de él, la luz de las velas simboliza a Jesús que dijo de sí: *Yo soy la luz del mundo*[11]. Junto con otras fuentes de luz instaladas en el templo, nos recuerdan que también nosotros,

---

[9] *Ef* 2, 20.
[10] *Mt* 4, 4.
[11] *Jn* 8, 12.

unidos a Jesús por la Comunión, estamos llamados a convertirnos en luz para que los que nos rodean descubran a Jesús en nuestra vida y le alaben. *Brille así vuestra luz ante los hombres, para que vean nuestras buenas obras y den gloria a vuestro Padre que está en los cielos*[12].

Quizá alguna vez nos hemos preguntado por qué el sacerdote que celebra la Misa sale revestido con unas vestiduras especiales, que tapan todo su cuerpo, salvo la cabeza y las manos. La Iglesia cubre al sacerdote con la vestimenta sagrada porque, cuando celebra Misa, «el sacerdote no se representa a sí mismo y no habla expresándose a sí mismo, sino que habla en la persona de Otro, de Cristo»[13]. En la Misa, el celebrante no es tal o cual sacerdote, sino Jesucristo. Y la vestimenta del sacerdote nos ayuda a descubrir esta realidad. Todos los sacerdotes, cuando celebran Misa, no son ellos, puesto que Jesús se apodera de su persona entera –su cabeza, su corazón, sus manos, todo su ser– para actualizar en cada momento histórico la entrega de su vida en la Cruz y su resurrección.

La túnica blanca hasta los pies que viste el sacerdote se llama alba y nos recuerda la vesti-

---

[12] *Mt* 5, 16.
[13] Benedicto XVI, Homilía en la Misa Crismal, 5-IV-2007.

dura blanca que el rey Herodes puso a Jesús para burlarse de él[14], cuando el Señor se negó a pronunciar palabra delante de quien había cortado la garganta a su «voz», Juan el Bautista, que le anunció y señaló como Mesías.

Sobre el alba y alrededor del cuello, el sacerdote se coloca una banda estrecha que cuelga sobre el pecho hasta un poco más abajo de la cintura, llamada estola. Esta vestidura es símbolo de la predicación.

La casulla trae a la mente la cruz que Jesús cargó para limpiarnos de nuestros pecados. Como va encima del alba, en la antigüedad también se la consideraba símbolo de la caridad.

Los colores de la estola y la casulla nos ayudan a descubrir el sentido de la Misa y de los tiempos litúrgicos. El blanco, color de las muchedumbres que alaban a Dios en el cielo[15], es símbolo de fiesta y alegría por haber sido salvados por Jesucristo. Se usa en el Tiempo Pascual y en las fiestas de Navidad, de la Virgen y los santos no mártires. El rojo, color de la sangre y del fuego, expresa el amor de Jesús que derramó su sangre por nosotros y la fuerza del Espíritu Santo en Pentecostés. Se usa en las fiestas de la Pasión y

---

[14] Cfr. *Lc* 23, 11.
[15] *Ap* 7, 9.

Muerte de Jesús, de la Venida del Espíritu Santo, y de los apóstoles y mártires. El verde, propio de la vegetación, recuerda la vida de la gracia que Jesús nos consiguió y la espera de su retorno glorioso al final de los tiempos. Se usa en los domingos del Tiempo Ordinario. El violeta o morado es símbolo de la penitencia propia del Tiempo de Adviento y Cuaresma. Se usa también en las Misas de difuntos.

Las posturas de los que participan en la Misa y del sacerdote son también señales con las que expresamos con el cuerpo los sentimientos que tenemos en el corazón, unidos siempre a Jesús. Además, el hecho de que todos los fieles observen la misma postura, simboliza la unidad interior de los miembros de la comunidad cristiana y fomenta la unanimidad de los participantes[16].

La postura más frecuente en la Misa es estar de pie. Esta actitud expresa nuestro deseo de escuchar a Dios para llevar a cabo lo que el Señor nos pide. Es una manera de decirle a Dios que estamos a su disposición.

Para los judíos, las rodillas simbolizan la fuerza de la persona. Cuando las doblamos delante de Dios para adorarle, le reconocemos como nuestro

---

[16] Cfr. *OGMR*, nº 42.

Señor y dueño y sometemos nuestra libertad a su voluntad amorosa.

Estar sentados, durante las lecturas y la homilía, es una forma de expresar nuestro deseo de escuchar lo que Dios quiera decirnos.

Las manos del celebrante también nos hablan. Cuando cubre con sus manos abiertas las ofrendas que va a consagrar, como los sacerdotes de la Antigua Ley sobre la víctima que iban a sacrificar, coloca el pan y el vino bajo la sombra del poder del Espíritu de Dios, para que los convierta en el Cuerpo y Sangre de Cristo.

En la Misa, el sacerdote extiende sus brazos en actitud orante, como Jesús en la Cruz, y así expresa que está elevando hacia Dios Padre la acción de gracias y la alabanza que en nombre de toda la Iglesia le tributa Jesús, nuestro Salvador. Cuando junta sus manos, palma contra palma, el celebrante ora como si tuviera las manos atadas, en actitud de recogimiento interior, humildad y abandono en Dios.

«El canto es una señal de euforia del corazón». De ahí que san Agustín diga, con razón: «Cantar es propio de quien ama»[17]; y viene de tiempos antiguos el proverbio: «Quien bien canta, ora dos veces»[18].

---

[17] San Agustín, *Sermón* 336, 1; PL 38, 1472.
[18] *OGMR,* n° 39.

Cómo es la Pascua judía

Jesús instituyó la Eucaristía mientras celebraba con sus apóstoles la Pascua de la antigua Alianza, la Pascua judía. El origen de esta fiesta está en las instrucciones que Moisés dio a Israel, de parte de Dios, el último día de su estancia en Egipto: *Escogeos un cordero por familia e inmolad la Pascua. Tomad un manojo de hisopo, mojadlo en la sangre del plato y untad de sangre el dintel y las dos jambas; y que ninguno de vosotros salga por la puerta de casa hasta la mañana siguiente. El Señor va a pasar hiriendo a Egipto, pero, cuando vea la sangre en el dintel y las jambas, el Señor pasará de largo y no permitirá al exterminador entrar en vuestras casas para herir*[19].

El Señor dio a los judíos indicaciones precisas sobre cómo deberían celebrar la Pascua cada año, la noche del 14 de Nisán. *Esa noche comeréis la carne, asada a fuego, y comeréis panes sin fermentar y hierbas amargas. No comeréis de ella nada crudo, ni cocido en agua, sino asado a fuego: con cabeza, patas y vísceras. No dejaréis restos para la mañana siguiente; y, si sobra algo, lo quemaréis. Y lo comeréis así: la cintura ceñida, las sandalias en los pies, un bastón en la mano; y os lo comeréis a toda prisa, porque es la Pascua, el Paso del Señor*[20].

---

[19] *Ex* 12, 21-24.
[20] *Ex* 12, 8-11.

La Pascua judía es una celebración ritual, pues repite las mismas acciones, con las oraciones previstas para esta ceremonia, que Dios les mandó vivir cuando los sacó de Egipto y estableció la alianza del Sinaí. Cada familia, cuando representaba en su casa lo que habían hecho sus antepasados y recordaba cómo Dios les había escogido y protegido, miraba también hacia el futuro a la espera del verdadero libertador, el Mesías, anunciado por Moisés[21] y los profetas.

Lo más característico de la Pascua judía es la manera de hacer memoria de esos dos acontecimientos decisivos en su historia, que convirtieron a unas tribus nómadas en el pueblo de Dios. Normalmente, cuando una persona recuerda algo, saca de su memoria un suceso pasado y lo trae al presente, pero solo en su interior. En el caso de la Pascua judía no solo se evocan interiormente esos acontecimientos pasados, sino que se escenifican siguiendo las indicaciones que Dios dio a Moisés. Los principales elementos del rito de la Pascua judía son:

- **El cordero**, cuya sangre, pintada en las puertas de sus casas, evitó que entrara en ellas la muerte que afectó a todos los primogénitos de los egip-

---

[21] *Dt* 18, 15.

cios. De aquí procede el nombre que el Bautista da a Jesús cuando lo presenta a sus amigos: «Cordero de Dios», porque con su muerte en la cruz, donde derramó toda su sangre, nos libró de la muerte eterna, consecuencia del pecado.

- El **pan ácimo**, sin fermentar, que recuerda la prisa de los judíos al salir de Egipto, apremiados por sus vecinos que temían los castigos de Dios si no les dejaban irse. Tiene forma de una galleta grande hecha con harina y agua. Con este pan sin levadura celebró Jesús la última Pascua judía con sus apóstoles, y, al tomarlo en sus manos y pronunciar una oración de agradecimiento y bendición a Dios, se ocultó en él para convertirse en Alimento y Vida eterna para el que lo recibe.

- **El vino**, símbolo de la alegría de los judíos al ser liberados por Dios de la esclavitud de Egipto y gozar de su protección durante la travesía por el desierto y después, al llegar a la tierra prometida. El rito judío disponía que, en cuatro ocasiones durante la cena pascual, los asistentes se pasasen una copa de vino y cada uno tomase un sorbo. En la tercera copa de la Última Cena, Jesús pronunció sobre ella una oración de acción de gracias y alabanza y convirtió así el vino de esa copa en su propia Sangre, que iba a derramar a continuación durante su Pasión y Muerte en el Calvario, para que sus discípulos, al beberla, recibiésemos la vida de Dios.

Además, los judíos preparaban una **ensalada con hierbas amargas** –rábanos y algunas raíces– para recordar las penalidades sufridas durante su estancia en Egipto. En otra fuente elaboraban un plato llamado «**jaroset**» –mezcla hecha en un mortero de manzanas, almendras, nueces y canela, con un poco de vino– que recuerda la argamasa de barro y arcilla que usaban para construir las edificaciones egipcias.

El rito de la cena pascual judía comienza con el encendido de las candelas, y una oración en la que se alaba al Señor como luz y salvación nuestra. Después, el padre de familia bendice la primera copa de vino con la misma oración que los sacerdotes rezan en la Misa al presentar el cáliz con el vino, después de la «Oración de los fieles». Fue en este momento cuando, durante la Última Cena, Jesús pronunció las palabras que recoge san Lucas: *Tomad esto, repartidlo entre vosotros; porque os digo que no beberé desde ahora del fruto de la vid hasta que venga el reino de Dios*[22]. El padre de familia bebe un sorbo

---

[22] *Lc* 22, 17-18.

y pasa la copa a los demás comensales que hacen lo mismo.

Después de un lavado ritual de las manos con otra breve oración y de la partición del pan ácimo, se llena la segunda copa de vino y se narra la historia de la liberación de la esclavitud de Egipto, tal como aparece en el capítulo 12 del libro del Éxodo. Esta narración, que llaman **hagadáh**, comienza con unas preguntas –siempre las mismas– que el hijo más joven plantea a su padre para que le explique por qué esta noche es diferente de las otras, por qué comemos pan sin levadura, las hierbas amargas y el «jaroset», tal como les había mandado el Señor. *Y, cuando entréis en la tierra que el Señor os va a dar, según lo prometido, y observéis este rito, si vuestros hijos os preguntan: «¿Qué significa este rito para vosotros?», les responderéis: «Es el sacrificio de la Pascua del Señor, que pasó junto a las casas de los hijos de Israel en Egipto, hiriendo a los egipcios y protegiendo nuestras casas»*[23]. El padre explica qué representa cada uno de los elementos de la fiesta de la Pascua y cómo se relacionan con la liberación de la esclavitud de Egipto obrada por el Señor.

Después de la narración de la salida de Egipto se recitan o cantan los salmos 111-118, llamados

---

[23] *Ex* 12, 25-28.

el *Gran Hallel*. Son unos salmos donde se ensalza a Dios por sus obras:

Grandes son las obras del Señor, dignas
de estudio para los que las aman.
Esplendor y belleza son su obra, su justicia
dura por siempre.
Ha hecho maravillas memorables, el Señor
es piadoso y clemente.
Él da alimento a los que lo temen recordando
siempre su alianza.
Mostró a su pueblo la fuerza de su obrar,
dándoles la heredad de los gentiles.
Justicia y verdad son las obras de sus manos,
todos sus preceptos merecen confianza:
son estables para siempre jamás, se han
de cumplir con verdad y rectitud.
Envió la redención a su pueblo, ratificó
para siempre su alianza.
Su nombre es sagrado y temible[24].

Otro de los salmos hace referencia a las maravillas que Dios obró con su pueblo cuando lo sacó de Egipto y lo guio por el desierto:

Cuando Israel salió de Egipto, los hijos
de Jacob de un pueblo balbuciente, Judá

---

[24] *Sal* 111 (110), 2-10.

fue su santuario, Israel fue su dominio.
El mar, al verlos, huyó; el Jordán se echó atrás;
los montes saltaron como carneros; las colinas,
como corderos.
¿Qué te pasa, mar, que huyes, y a ti, Jordán,
que te echas atrás?
¿Y a vosotros, montes, que saltáis como carneros;
colinas, que saltáis como corderos?
En presencia del Señor, estremécete, tierra,
en presencia del Dios de Jacob; que transforma
las peñas en estanques, el pedernal
en manantiales de agua[25].

Otro es un canto emocionado de acción de gracias a Dios:

Dad gracias al Señor porque es bueno,
porque es eterna su misericordia.
Diga la casa de Israel: eterna es su misericordia.
Diga la casa de Aarón: eterna es su misericordia.
Digan los que temen al Señor: eterna
es su misericordia.
En el peligro grité al Señor, y el Señor
me escuchó, poniéndome a salvo.
El Señor está conmigo: no temo; ¿qué podrá
hacerme el hombre?

---

[25] *Sal* 114 (113 A).

El Señor está conmigo y me auxilia, veré
la derrota de mis adversarios[26].

Después se sientan y comienza la cena propiamente dicha, en la que comen el cordero asado, las hierbas amargas y el «jaroset».

Al acabar la cena, todos se ponen de pie y el padre de familia bendice un pan ázimo y la tercera copa de vino. Probablemente, en este momento de la cena pascual judía Jesús instituyó la Eucaristía: *Y, tomando pan, después de pronunciar la acción de gracias, lo partió y se lo dio, diciendo: «Esto es mi cuerpo, que se entrega por vosotros; haced esto en memoria mía». Después de cenar, hizo lo mismo con el cáliz, diciendo: «Este cáliz es la nueva alianza en mi sangre, que es derramada por vosotros»*[27].

Finalmente, los judíos bendicen y beben la cuarta copa de vino.

En la cena pascual judía se hace memoria de la liberación de la esclavitud de Egipto no solo con los elementos que componen la comida, sino también con las oraciones prescritas. Con ellas, los judíos alaban a Dios como Salvador y le dan gracias por sus intervenciones milagrosas –las plagas contra el Faraón y su pueblo, el paso del Mar

---

[26] *Sal* 118 (117), 1-8.
[27] *Lc* 22, 19-21.

Rojo, la destrucción del ejército egipcio, etc.– y por protegerlos en camino hacia la tierra prometida.

Estas oraciones de alabanza o bendición a Dios y de acción de gracias pasaron a la Santa Misa en la Plegaria eucarística, que comienza precisamente con una solemne oración de agradecimiento, el Prefacio, en la que se enumeran los motivos para levantar nuestro corazón a Dios y darle gracias. El Prefacio termina con el «Santo, Santo, Santo», un himno de alabanza y adoración a Dios por el que la asamblea de los fieles se une a la glorificación que sin cesar tributan a la Santísima Trinidad los ángeles y santos en el cielo.

La Alianza del Sinaí y los sacrificios judíos

Hace ahora treinta y ocho siglos, Dios eligió a Abrahán y comenzó a comunicarse con él y los patriarcas. Al hacerlo, se adaptó a las costumbres de los hombres de medio oriente. En esa época, cuando los jefes de dos reinos o tribus llegaban a un acuerdo, solían ratificarlo ofreciendo a Dios el sacrificio de un ternero o un cordero.

Había fundamentalmente dos tipos de sacrificios: los llamados «holocaustos», en los que la víctima era totalmente quemada y subía en forma de humo hasta la presencia de Dios; y los sacrificios de comunión, en los que una parte del animal se destruía totalmente con fuego y la otra se asaba para comerla en una comida ritual. La sangre del animal sacrificado se aspergía sobre el altar y los asistentes.

El pacto o acuerdo solemne, ratificado con un sacrificio ofrecido a Dios, se llama en la Biblia «Alianza». Cada alianza implicaba un compromiso o promesa solemne por parte de los implicados en ella. En el caso de Abrahán, Dios promete hacerle padre de muchedumbre de pueblos y darle la tierra de Canaán; a cambio, le pide a Abrahán que circuncide a todos los niños a los ocho días de nacer como señal de la alianza.

La alianza más importante que Dios pactó con su pueblo tuvo lugar en el monte Sinaí, a los tres meses de salir de Egipto, según cuenta el libro del Éxodo[28]. Para que siempre la recordasen, el Señor se manifestó ante el pueblo descendiendo a la cima humeante del Sinaí en medio de fuego y desde allí llamó a Moisés para que subiera y le entregó las leyes por las que debía regirse su pueblo. Estas leyes se referían a la conducta de las personas –los diez mandamientos– y también a la organización del culto a Dios. Estas

---

[28] *Ex* 19, 1.

últimas establecían cómo tenían que ofrecer los sacrificios de bueyes y corderos para honrar a Dios.

La alianza del Sinaí fue ratificada de manera solemne cuando Moisés edificó un altar en la falda del monte y mandó sacrificar a Dios unos novillos como sacrificio de comunión. Una parte de la sangre de las víctimas la derramó sobre el altar, que representaba a Dios, y otra parte la recogió en unas vasijas. Después, tomó el documento de la alianza que había escrito con los decretos y mandamientos que le había entregado Dios y lo leyó al pueblo, que respondió: *Haremos todo lo que ha dicho el Señor y le obedeceremos*[29]. A continuación, tomó las vasijas y roció al pueblo con la sangre de los novillos sacrificados diciendo: *Esta es la sangre de la alianza que el Señor ha concertado con vosotros*[30].

Estas palabras de Moisés le servirán de plantilla a Jesús cuando establezca la Nueva Alianza en la Última Cena. La sangre, para los judíos y otros pueblos de oriente, era signo de la vida. Por eso, con este gesto de derramar la misma sangre sobre el altar y el pueblo, se expresaba la vida en común que, desde ese momento, se establecía entre Dios

---

[29] *Ex* 24, 7.
[30] *Ex* 24, 8.

y su pueblo, los actores de la alianza, por haberse comprometido ambos a cumplir lo acordado en el pacto o alianza que acababan de sellar.

Quedaba por vivir la comida que se hacía en los sacrificios de comunión. Así la describe el libro del Éxodo: *Subieron Moisés, Aarón, Nadab, Abiú y setenta ancianos de Israel, y vieron al Dios de Israel: bajo sus pies había como un pavimento de zafiro, brillante como el mismo cielo. Él no extendió la mano contra los notables de los hijos de Israel, que vieron a Dios y después comieron y bebieron*[31]. Las personas que comparten el mismo alimento muestran que quieren ser amigos, que quieren tener una vida en común, una «comunión de vida». Por eso en la Misa se nos da Jesús, sacrificado y resucitado, como alimento, a fin de que cada cristiano viva *por Él, con Él y en Él*[32], hasta poder decir con san Pablo: *Vivo, pero no soy yo el que vive, es Cristo que vive en mí*[33].

Además de los sacrificios de tipo holocausto y de comunión, Dios mandó a Moisés que una vez al año el sumo sacerdote hiciese un sacrificio de expiación o reparación por los pecados del pueblo. Este sacrificio tenía un rito particular. El sumo sacerdote tenía que recibir de la asamblea de los

---

[31] *Ex* 29, 9-12.
[32] *Misal Romano.* Doxología, al final de la Plegaria eucarística.
[33] *Ga* 2, 20.

hijos de Israel dos machos cabríos. Después de presentarlos al Señor en la Tienda del Encuentro –lugar que hacía las veces de Templo de Dios, mientras los judíos caminaban por el desierto– el sumo sacerdote echaba suertes para saber cuál de ellos debería ser ofrecido al Señor como sacrificio para compensar los delitos y pecados del pueblo.

Una vez sacrificado el primero, el sumo sacerdote tomaba el otro animal que había quedado vivo y, después de presentarlo ante el Señor, extendía las dos manos sobre su cabeza y, como le ordenó Dios a Moisés, confesaba *sobre él las iniquidades y delitos de los hijos de Israel, todos sus pecados; se los echará encima de la cabeza del macho cabrío, y después, con el hombre designado para ello, lo mandará al desierto*[34]. El encargado de llevar ese macho cabrío al desierto lo soltaba lejos del campamento, para simbolizar que los pecados del pueblo arrojados sobre él quedaban borrados al desaparecer el animal.

Esta breve mirada a los sacrificios que Dios mandó celebrar a su pueblo nos permite vislumbrar el cuidado con el que fue preparando a Israel para que, cuando el Hijo de Dios se hiciese hombre en esa nación, todos los judíos entendiesen el plan del Señor para salvar a la humanidad. Ese

---

[34] *Lv* 16, 21.

plan, del cual forma parte toda la historia de Israel, tendría su punto culminante en la Encarnación del Hijo de Dios, que nacería en Belén, se educaría en Nazaret, anunciaría la llegada del Reino de Dios, el tiempo de la salvación, y la realizaría al cargar con nuestros pecados y ofrecerse a sí mismo en la Cruz, para resucitar glorioso a una vida nueva que él estrenó. Algo de esa vida ya está en nosotros. Lo que le falta, su plenitud, no cabe en la imaginación más desbordante[35]. Para esa gran sorpresa nos prepara Jesús en la Misa y en la oración interior.

[35] Cfr. *1 Co* 2, 9.

ÍNDICE